초연결 시대의 종교

AI문고

인공지능 시대입니다. 기계가 인간의 인지를 대신하고, 사물이 인간을 통하지 않고 다른 사물과 직접 커뮤니케이션합니다. 이에 따른 인간 삶과 문명 변화를 정확히 이해·예측·대응하는 것은 이 시대 우리 모두의 과제입니다. AI문고는 인공지능 기술과 환경의 여러 주제를 10가지 키워드로 정리합니다. 관련 개념과 이론, 학계와 산업계의 쟁점, 우리 일상의 변화를 다룹니다. 인간과 기술의 현재, 미래를 세심히 분석합니다.

일러두기

- 인명, 작품명, 저서명, 개념어 등은 한글과 함께 괄호 안에 해당 국가의 원어를 병기했습니다.
- 외래어 표기는 현행 어문규정의 외래어표기법을 따랐습니다.

처음이세요?

전문가세요?

초연결 시대의 종교

김세원

대한민국, 서울, 커뮤니케이션북스, 2025

초연결 시대의 종교

지은이 김세원
펴낸이 박영률

초판 1쇄 펴낸날 2025년 7월 15일

커뮤니케이션북스(주)
출판 등록 2007년 8월 17일 제313-2007-000166호
02880 서울시 성북구 성북로 5-11
전화(02) 7474 001, 팩스(02) 736 5047
commbooks@commbooks.com
www.commbooks.com

ISBN 979-11-430-0258-7 03500

책값은 뒤표지에 표시되어 있습니다.

차례

초연결 시대, 종교의 새로운 가능성을 엿보다

디지털 노마드의 나침반, 영적 방랑자를 위한 지도

21세기, 우리는 역사상 유례없는 거대한 변혁의 한가운데에 놓여 있다. 인공지능(AI, Artificial Intelligence)은 우리의 일상을 넘어 사회 구조, 경제 시스템, 심지어 인간의 정체성까지 근본적으로 재정의하는 강력한 힘으로 자리매김하고 있다. 손안의 스마트폰은 지구촌 구석구석을 실시간으로 연결하는 통로가 되었고, 정교하게 설계된 알고리즘은 우리의 생각과 행동을 예측하며 개인 맞춤형 정보를 쏟아 낸다. 이처럼 모든 것이 연결되는 초연결(Hyperconnectivity) 시대는 편리함과 효율성을 극대화했지만, 역설적으로 깊은 고독과 불안, 그리고 삶의 의미에 대한 근본적인 질문들을 우리에게 던져 주고 있다.

우리는 지금껏 경험하지 못했던 새로운 세상, 즉 초연결 시대라는 미지의 영역에 발을 들였다. 이 시대는 정보의 압도적인 과잉, 기술의 눈부신 발전, 그리고 가치관의 혼란이라는 뚜렷한 특징을 지닌다. 전통적인 권위는 점차 해체되고 개인의 자유는 무한히 확대되었지만, 아이러니하게도 소속감과 안정감을 느끼기는 더욱 어려워졌다. 끊임없이 변화하는 세상 속에서 우리는 마치 나침반을 잃은 채 방황하는 디지털 노마드와 같은 존재가 되어버린 건 아닐까.

이러한 시대적 배경 속에서 종교는 과연 어떤 의미를 지닐 수 있을까? 과거 종교는 사회 질서를 유지하고 개인에게 삶의 의미와 목적을 제시하는 핵심적인 역할을 수행해 왔다. 그러나 과학 기술의 괄목할 만한 발전과 세속화의 거센 물결 속에서 종교의 영향력은 점차 희미해져 가는 듯 보인다. 많은 이들이 전통적인 종교의 틀에서 벗어나 새로운 영적인 경험을 갈망하고 있으며, 심지어 인공지능과 같은 첨단 기술이 종교의 영역을 완전히 대체할 수 있다는 주장까지 제기되고 있는 실정이다.

『초연결 시대의 종교』는 바로 이러한 복잡한 질문에 대한 답을 찾기 위한 지적 탐험의 기록이다. 이 책은 인공지능의 놀라운 발전, 생성형 AI(Generative AI)의 등장, 트랜스휴머니즘(Transhumanism)의 부상, 그리고 디지털 문화의 급속한 확산이 종교에 미치는 심오한 영향을 심층적으로 분석하고, 미래 종교의 모습에 대한 다채로운 가능성을 탐색하는 것을 목표로 한다.

이 책이 주목하는 것은 단순히 종교의 쇠퇴가 아닌, 그 속에서 움트는 새로운 가능성이다. 초연결 시대는 종교에게 분명 위협적인 도전이지만, 동시에 놓쳐서는 안 될 소중한 기회가 될 수 있다. 디지털 기술은 종교의 메시지를 빛의 속도로 전파하고 신자들 간의 소통을 획기적으로 촉진하는 강력한 도구로 활용될 수 있으며, 인공지능은 종교적 경험을 풍요롭게 하고 영적인 깨달음을 얻는데 놀라운 도움을 줄 수 있다. 핵심은 기술을 어떻게 윤리적으로 활용하여 인간의 정신적, 영적 필요를 충족하고 나아가 더욱 조화롭고 평화로운 세상을 만들어 나갈 것인가 하는 점이다.

머리말에서는 초연결 시대라는 새로운 패러다임의 도래와 주요 특징, 초연결 시대가 가져오는 변화와 도전 과제, 초연결 시대와 종교와의 만남에 대해 설명하고, 책의 전체 구성과 주요 내용을 요약한 뒤, 이 책이 독자에게 제공할 수 있는 효용에 대해 논의할 예정이다.

초연결 시대의 도래와 주요 특징

초연결 시대는 기술 발전으로 인해 사람, 사물, 데이터, 시스템이 인터넷과 연결되어 상호작용하는 시대를 의미한다. 이는 디지털 혁명, 사물인터넷(IoT, Internet of Things), 5G/6G 네트워크, 클라우드 컴퓨팅, 인공지능 등 다양한 기술의 융합을 통해 가능해졌다. 스마트폰, 컴퓨터, 웨어러블 기기 등의 디지털 기기가 우리 생활에 깊숙이 자리 잡으면서, 사람들은 언제 어디서나 정보에 접근하고 소통할 수 있게 되었다. 사물인터넷 기술은 가전제품, 차량, 의료 기기 등 다양한 물리적 기기를 인터넷과 연결하여 데이터를 주고받을 수 있도록 하였고, 이를 통해 인간의 삶은 더욱 편리하고 효율적으로 변하고 있다.

이와 함께, 인공지능 기술의 발전은 데이터 분석과 의사 결정을 혁신적으로 변화시켰다. AI는 방대한 양의 데이터를 분석하여 패턴을 발견하고, 이를 기반으로 예측과 결정을 수행할 수 있다. 이러한 기술적 진보는 단순한 자동화의 수준을 넘어서, 인간의 삶 전반에 걸쳐 깊이 있는 영향을 미치고 있다.

초연결 시대는 단순한 연결을 넘어 전방위적인 통합과 실시간 상호작용을 가능하게 한다.

초연결 시대의 주요 특징으로는 첫 번째로 만물인터넷(IoE, Internet of Everything)화를 들 수 있다. 소셜 네트워크와 디지털 플랫폼은 전 세계의 사람들을 연결한다. 사물인터넷을 통해 스마트폰, 가전제품, 자동차 등 모든 장치가 인터넷과 연결되며 자동화한 프로세스가 기기와 시스템 간의 효율적인 협업을 지원한다.

두 번째는 실시간 데이터(data) 교환이다. 모든 활동과 상호작용이 데이터화되어 방대한 데이터가 초고속 네트워크를 통해 실시간으로 전송, 분석되고 활용된다. 이를 통해 더 나은 의사 결정, 문제 해결, 맞춤형 서비스 제공이 가능하다.

세 번째 특징은 융합과 통합이다. 정보 통신 기술(ICT, Information and Communications Technology), 산업 기술, 생명과학 등이 융합되어 새로운 산업과 서비스가 창출된다. 스마트 시티, 스마트 팩토리, 디지털 헬스케어 등이 대표적 사례다.

네 번째로 인간 중심의 맞춤형 서비스를 들 수 있다. AI와 빅 데이터 분석을 통해 사용자의 취향, 행동 패턴을 예측하고 맞춤형 설루션을 제공한다. 개인화된 추천 알고리즘, 헬스케어 모니터링 서비스 등이 주요 사례로 꼽힌다.

다섯 번째는 자동화와 자율 시스템이다. 초연결 시대는 자율주행차, 드론, 로봇 등 자율 시스템의 보급을 가속화한다. 이러한 시스템은 네트워크와 연결되어 환경 변화에 따라 적응하고 상호작용한다.

초연결 시대가 가져오는 변화와 도전 과제

초연결 시대는 사회와 개인에 전방위적으로 영향을 미치고 있다. 우선 경제적 변화를 살펴보자. 공유 경제, 구독 경제 같은 디지털 플랫폼 기반의 새로운 경제 모델이 등장해 기존 산업 구조가 데이터와 기술 중심으로 재편될 전망이다. 글로벌 연결성 증가로 국경을 초월한 비즈니스 환경이 확대된다.

다음으로는 사회적 변화다. 화상 회의, 원격 근무, 글로벌 팀 협업 등 커뮤니케이션과 협업 방식이 혁신된다. 또한 생성형 AI의 발전과 확산으로 지역, 문화, 언어 같은 전통적인 사회적 장벽이 허물어진다. 초연결 시대의 이면으로는 일론 머스크가 말한 대로 디지털 정보 격차(digital divide) 문제가 심각해질 전망이다. 빈부 격차에 따른 연결성의 불균형으로 인해 일부 지역이나 계층은 초연결의 혜택을 누리지 못할 가능성이 크다.

초연결 시대는 개인의 일상생활에도 변화를 가져오고 있다. 초연결 시대에는 일상생활에서 스마트 기기와 AI 비서가 개인화된 서비스를 제공하며, 이에 따라 디지털 웰빙과 연결성의 균형 문제가 나타난다. 사이버 보안 위협이 증가함에 따라 데이터 프라이버시와 보안 문제에 대한 관심이 증가하고, 방대한 데이터의 수집과 활용이 개인 정보 보호와 데이터 유출 문제를 야기할 수도 있다. 이 밖에 글로벌 협력을 통해 기후 변화, 팬데믹 극복 같은 초국가적 문제에 대한 대응이 강화된다.

초연결 시대의 도전 과제로 윤리적 문제를 빼놓을 수 없다. AI와 자동화 시스템의 결정 과정에서 윤리적 문제가 발생할 가능성이 높아지고 인간의 자유와 자율성이 기술에 의해 제한될 위험 역시 증대한다. 한편 초연결은 기술 의존성을 높이고 게임 중독, 스마트폰 중독, 사회적 연결의 질적 하락과 같은 부작용을 초래할 수 있다.

더욱 정교한 AI, 6G 네트워크, 양자 컴퓨팅 등의 도입으로 초연결 시대는 가속화될 전망이다. 초연결 시대에는 스마트 시티의 확산, 자율주행차의 대중화 같은 현상을 목도하게 된다. 또한 초개인화된 환경에서 모든 서비스와 시스템이 개인 맞춤형으로 제공되며, 인간과 기계의 상호작용이 자연스러워질 것이다. AI 비서, AI 집사가 일상 업무와 가사를 분담하게 되고 건강 모니터링 기술의 보급으로 질병과 노화의 위협에서 상당 부분 자유로워질 것이다. 데이터와 초연결성을 활용한 스마트 그리드나 스마트 농업의 확산으로 환경, 에너지, 식량 문제

등 글로벌 도전에도 대응할 수 있을 것이다.

궁극적으로 초연결 시대에는 인간과 기술의 공존이 핵심 주제로 떠오르며, 연결의 가치와 방향에 대한 사회적 논의가 중요해질 것이다. 초연결 시대는 기술 발전이 인간 삶의 모든 측면을 혁신적으로 변화시키고 있지만, 동시에 이러한 변화가 가져올 윤리적, 사회적 도전에 대한 균형 잡힌 접근이 필요하다.

초연결 시대와 종교의 만남

종교는 오랜 역사 동안 인간의 삶에 중요한 역할을 해 왔다. 종교는 개인에게 영적인 안식과 삶의 방향성을 제공하며, 공동체 내에서는 사회적 결속과 윤리적 지침을 제공한다. 초연결 시대의 도래는 종교에도 변화를 요구하고 있다. 디지털 기술은 종교의 의식과 예배 방식을 변화시키고 있다. 온라인 예배, 디지털 신앙 공동체, AI 성직자 등은 새로운 형태의 종교적 경험을 제공하고 있다. 초연결 시대에는 기술 발전과 디지털 네트워크의 확산 속에서 전통적 종교가 변화하거나 재구성되는 모습을 보이며, 다음과 같은 특징을 가질 것으로 예상된다.

디지털 플랫폼 기반의 종교 활동

종교 활동은 물리적 공간을 넘어 디지털 공간에서 활발히 이루어진다. 가상 현실(VR, Virtual Reality)이나 메타버스(Metaverse)를 통해 시간과 장소의 제약 없이 참여할 수 있는 온라인 예배, 명상, 의식이 가능해진다. 예를 들어 가상 현실을 통해 가상 성지 순례나 의식을 체험하고 메타버스에서 종교 토론을 진행하는 식이다.

초개인화된 신앙 경험

빅 데이터를 기반으로 개인의 신앙, 명상 습관, 영적 필요에 맞는 맞춤형 종교 콘텐츠가 제공된다. 웨어러블 디바이스가 사용자의 생체 데이터를 수집해 영적 상태를 분석하고 이를 기반으로 맞춤형 명상, 기도, 호흡법을 제안할 수 있다.

새로운 형태의 종교적 의식

전통적 종교 의식이 가상/증강 현실(VR/AR) 기술을 통해 현대적으로 재구성될 수 있다. 예를 들어, 사용자가 디지털 환경에서 초월적 경험을 체험할 수 있다. 또한 AI 성직자가 전통적 의식을 대체하거나 보조하며, 참여자들에게 실시간으로 피드백을 제공한다.

기술과 결합된 초월적 경험

뇌와 컴퓨터를 연결하는 뇌-컴퓨터 인터페이스(BCI, Brain Computer Interface) 기술이 초월적 체험을 유도하거나 강화할 수 있다. AI가 개인의 뇌파와 감정 상태를 분석하여 신비적 체험을 유도할 수 있다.

새로운 디지털 종교의 등장

데이터와 AI가 중심이 되는 새로운 종교적 신념 체계가 등장할 수 있다. 유발 하라리(Yuval Noah Harari)가 『호모 데우스(Homo Deus)』에서 언급한 '데이터교'는 전통적 신을 대신해 데이터와 알고리즘이 인류의 운명을 결정한다고 믿는 신념 체계다. 초지능 AI가 신과 같은 존재로 숭배되는 새로운 종교적 흐름이 나타날 가능성도 있다.

초연결성을 활용한 글로벌 종교 커뮤니티

전 세계 신도들이 네트워크를 통해 연결되어 실시간으로 예배, 토론, 교류를 할 수 있다.

초연결 시대는 다양한 종교가 서로 교류하고 융합하도록 유도하여 새로운 형태의 영성이나 다원적 신앙이 탄생할 가능성이 크다.

종교의 역할 변화

기술이 급격히 발전함에 따라 윤리적 문제를 해결하기 위한 종교의 역할이 더욱 중요해질 것이다. 기성 종교는 AI와 인간의 공존, 생명 연장, 데이터 프라이버시 등 새로운 문제들에 대한 윤리적 방향성을 제시하도록 역할 변화가 요구된다.

종교의 치유와 웰니스 기능 확대

종교는 웰니스와 정신 건강의 중심축으로 재조명된다. 특히 명상과 영적 치유가 기술과 결합하여 새로운 형태의 웰빙 서비스를 제공할 수 있다.

이 책의 구성과 주요 내용

이 책은 총 10개의 깊이 있는 장으로 구성되어 있으며, 각 장은 다음과 같은 핵심 주제를 탐구한다.

(1) 인공지능의 역사: 인공지능의 씨앗이 처음 뿌려진 순간부터 현재의 혁신적인 딥 러닝 기술에 이르기까지, 인공지능 발전의 주요 단계를 연대기적으로 살펴본다. 앨런 튜링(Alan Mathison Turing), 마빈 민스키(Marvin Lee Minsky) 등 인공지능 연구 선구자들의 빛나는 업적을 기리고, 인공지능의 윤리적 딜레마와 미래 전망에 대

해 심도 있게 논의한다. 이 장은 인공지능이 종교에 미치는 다각적인 영향을 이해하기 위한 필수적인 배경지식을 제공한다.

(2) 종교의 본질과 역할: 종교의 정의, 기능, 그리고 사회적 영향력을 철학, 사회학, 심리학 등 다양한 학문적 관점에서 분석한다. 종교가 개인에게 제공하는 심리적 안정감, 끈끈한 공동체 의식, 그리고 삶의 궁극적인 의미를 탐구하고, 종교가 사회 통합과 갈등 해결에 실질적으로 기여하는 방식을 면밀히 살펴본다. 빠르게 변화하는 현대 사회에서 종교의 역할 변화를 날카롭게 진단한다.

(3) AI와 종교적 신비 체험: 챗지피티(ChatGPT)와 같은 놀라운 생성형 AI가 만들어 내는 텍스트, 이미지, 음악 등이 인간의 종교적 경험과 놀랍도록 유사한 감정을 불러일으킬 수 있음을 흥미롭게 보여 준다. AI가 창조한 예술 작품이 인간의 영혼을 깊이 울리며 신비로운 분위기를 자아내는 현상을 심층적으로 분석하고, 종교적 의례나 명상에 혁신적으로 활용될 수 있는 AI의 잠재력을 탐색한다. 더 나아가, AI가 만들어 낸 가짜 종교 지도자나 조작된 예언의 등장 가능성에 대한 중요한 윤리적 문제를 제기한다.

(4) 알고리즘이 신이 되는 시대: 세계적인 석학 유발

하라리의 통찰력 있는 주장을 중심으로 데이터가 새로운 권력이 되고 데이터 알고리즘이 인간의 삶을 전방위적으로 지배하는 암울한 미래 사회를 예측한다. 데이터교의 심각한 문제점을 비판적으로 분석하고, 데이터 독점과 알고리즘 편향이 사회 불평등을 심화할 수 있음을 강력하게 경고한다. 데이터 민주주의와 알고리즘 투명성을 확보하기 위한 구체적인 방안을 모색하고, 데이터교에 대한 전통 종교의 창조적인 대안적 역할을 제시한다.

(5) AI 성직자의 등장: 설교, 상담, 의례 집행 등 전통적인 종교적 기능을 능숙하게 수행하는 AI 성직자의 현실적인 등장 가능성을 냉철하게 탐구한다. AI 성직자의 혁신적인 장점과 간과할 수 없는 단점을 객관적으로 분석하고, 인간 성직자의 역할 변화를 예리하게 예측한다. AI 성직자가 인간의 복잡한 감정을 진정으로 이해하고 공감할 수 있는지, 그리고 어려운 윤리적 판단을 공정하게 내릴 수 있는지에 대한 첨예한 논쟁점을 제시한다. AI 성직자의 등장에 대한 종교계의 다채로운 반응을 생생하게 소개하고, 미래 사회에서 AI와 인간 성직자의 건설적인 공존 방안을 모색한다.

(6) 영생을 향한 인간의 욕망, 신성함의 경계를 넘어

서다: 인간의 신체적, 정신적 능력을 획기적으로 향상하고 수명을 극적으로 연장하려는 야심찬 트랜스휴머니즘 운동이 종교적 가치와 첨예하게 충돌하는 지점을 정확하게 분석한다. 영생, 불멸, 초지능 등 트랜스휴머니즘의 매혹적인 목표가 종교적 구원관과 놀랍도록 유사한 측면을 지니고 있음을 날카롭게 지적하고, 트랜스휴머니즘이 인간의 존엄성과 정체성에 미치는 심각한 영향을 깊이 있게 논의한다. 트랜스휴머니즘에 대한 종교의 비판적인 시각과 긍정적인 가능성을 균형 있게 제시하고, 미래 사회에서 인간과 기술의 윤리적인 관계에 대한 건설적인 논의를 촉구한다.

(7) 초연결 시대의 영적 혁명: 소셜 미디어, 온라인 커뮤니티, 몰입형 가상 현실 등 디지털 기술이 완전히 새로운 형태의 영적 경험과 공동체를 창조하는 혁신적인 현상을 분석한다. 디지털 명상 앱, 온라인 기도 모임, 가상 현실 종교 공간 등 다양한 흥미로운 사례를 소개하고, 디지털 기술이 개인의 심오한 영적 성장을 돕고 사회적 연결을 의미 있게 강화할 수 있음을 설득력 있게 보여 준다. 동시에, 디지털 기술이 만들어 내는 허상과 중독의 심각한 위험성을 경고하고, 건강한 디지털 영성(digital spirituality)을 위한 구체적인 실천 방안을 제시한다.

(8) 디지털 노마드와 영적 방랑: 끊임없이 이동하며 살아가는 자유로운 디지털 노마드들이 겪는 깊은 고독감, 끊임없는 불안감, 근원적인 소속감의 부재를 짚어 보고, 이들이 종교나 영적 공동체에서 진정한 위안과 삶의 의미를 찾으려는 경향을 심층적으로 분석한다. 디지털 노마드들을 위한 맞춤형 종교 프로그램이나 혁신적인 온라인 공동체의 가능성을 탐색하고, 이들이 첨단 디지털 기술을 창의적으로 활용하여 만들어 가는 자신만의 독특한 영적 여정이 완전히 새로운 형태의 종교적 실험으로 이어질 수 있음을 흥미롭게 보여 준다.

(9) 초연결 시대의 디지털 종교 공동체: 온라인 플랫폼을 기반으로 자발적으로 형성되는 새로운 형태의 역동적인 종교 공동체를 조명한다. 온라인 교회, 가상 사찰, 디지털 명상 그룹 등 다양한 혁신적인 사례를 분석하고, 디지털 종교 공동체가 지니는 매력적인 장점과 간과할 수 없는 단점을 객관적으로 논의한다. 디지털 종교 공동체가 지리적 제약을 극복하고 다양한 배경을 가진 사람들을 효과적으로 연결할 수 있지만, 동시에 익명성, 가짜 뉴스, 사이버 폭력 등의 심각한 문제에 취약할 수 있음을 지적한다. 디지털 종교 공동체의 건전한 발전과 윤리적 운영을 위한 실질적인 가이드라인을 제시한다.

(10) 초연결 시대의 종교, 기술과 신앙의 공존: 앞선 아홉 개의 장에서 논의한 내용들을 종합하여 미래 종교의 모습에 대한 다채로운 시나리오를 제시한다. 인공지능, 트랜스휴머니즘, 디지털 문화가 종교의 핵심 교리, 의례, 조직 구조에 미치는 중대한 영향을 예측하고, 미래 사회에서 종교가 어떤 중요한 역할을 수행할 수 있을지 전망한다. 미래 종교는 더욱 개인화되고 유연해질 것이며, 디지털 기술을 적극적으로 활용하여 신자들의 다양한 영적 필요를 충족하고 사회적 책임을 다할 것이라고 예측한다. 미래 종교의 긍정적인 가능성과 잠재적인 위험성을 함께 제시하고, 미래 사회의 종교가 나아가야 할 윤리적인 방향을 제시한다.

누구를 위한 책인가?

이 책은 다음과 같은 독자들을 위해 쓰였다.

(1) 종교인: 자신이 속한 종교를 새로운 관점에서 성찰하고, 초연결 시대에 종교가 나아가야 할 혁신적인 방향을 고민하는 데 실질적인 도움을 얻고자 하는 모든 분.

(2) 인문학 연구자: 인공지능, 트랜스휴머니즘, 디지털 문화가 종교에 미치는 복잡한 영향에 대한 깊이 있는 분석과 통찰력을 필요로 하는 진지한 연구자.

(3) 미래 사회에 대한 깊은 관심을 가진 일반인: 급변하는 사회 속에서 종교의 역할 변화를 정확하게 이해하고, 미래 사회의 윤리적 딜레마에 대한 비판적 사고 능력을 키우고자 하는 분.

(4) 디지털 기술 전문가: 자신이 개발한 기술이 종교와 사회에 미치는 광범위한 영향을 이해하고, 더 나은 세상을 건설하는 데 긍정적으로 기여하고자 하는 윤리적인 개발자.

(5) 영적 성장을 진심으로 추구하는 모든 이: 전통적인 종교의 틀에 얽매이지 않고 자신만의 독특한 영적 여정을 탐색하며, 삶의 궁극적인 의미와 목적을 찾고자 하는 모든 방랑하는 영혼.

이 책을 통해 얻을 수 있는 것

이 책을 주의 깊게 읽은 독자들은 다음과 같은 실질적인 효용을 얻을 수 있다.

(1) 초연결 시대의 종교에 대한 통합적인 이해: 인공지능, 트랜스휴머니즘, 디지털 문화가 종교에 미치는 복잡하고 다층적인 영향을 명확하게 파악할 수 있다.

(2) 미래 종교에 대한 다각적인 관점: 미래 종교의 모습에 대한 다양한 시나리오를 통해, 종교의 미래에 대한

자신의 상상력을 무한히 확장할 수 있다.

(3) 개인의 영적 성장을 위한 통찰: 디지털 기술을 창의적으로 활용하여 자신만의 독특한 영적 여정을 탐색하고 삶의 의미와 목적을 발견하는 데 실질적인 도움을 받을 수 있다.

(4) 윤리적 문제에 대한 비판적 사고 능력: 인공지능 윤리, 데이터 윤리, 트랜스휴머니즘 윤리 등 미래 사회의 핵심적인 윤리적 문제에 대한 깊이 있는 논의에 적극적으로 참여할 수 있다.

(5) 더 나은 세상을 만들기 위한 통찰력: 종교가 사회적 책임을 다하고, 더 조화롭고 평화로운 세상을 건설하는 데 어떻게 기여할 수 있는지에 대한 귀중한 영감을 얻을 수 있다.

생성형 AI는 종교에 전례 없는 도전과 기회를 동시에 제공하고 있다. AI는 영성과 의식의 정의, 종교적 권위와 해석, 종교적 의례와 공동체, 그리고 윤리적, 신학적 문제에 이르기까지 종교의 근본적인 측면에 영향을 미치고 있다. 초연결 시대에 종교의 미래는 불확실하지만, 한 가지 분명한 것은 종교가 AI와의 관계를 어떻게 설정하느냐에 따라 그 미래가 크게 달라질 것이라는 점이다. 종교가 AI를 두려워하고 배척하기보다는, AI의 잠재력을 이해하고 긍정적으로 활용한다면, AI는 종교의 발전과 인류의 미래에 긍정적으로 기여할 수 있을 것이다.

AI와 종교의 관계는 앞으로도 계속 진화할 것이다. 이 과정에서 신학자, 종교 지도자, AI 연구자, 일반 신자들 간의 열린 대화와 협력이 필요하다. 초연결 시대에 종교는 자기 성찰과 혁신을 통해 새로운 역할을 찾아야 하며, AI는 인류의 영적, 윤리적 가치를 증진하는 방향으로 발전해야 할 것이다. AI와 종교가 지혜롭게 협력한다면, 우리는 초연결 시대에도 인간의 존엄성과 가치가 존중받는 더 나은 세상을 만들 수 있을 것이다.

『초연결 시대의 종교』는 단순한 종교 비평서가 아니다. 이 책은 기술과 종교, 인간과 기계, 현실과 가상 사이의 경계가 흐릿해지는 혼란스러운 시대에 우리가 어떻게 살아가야 할지에 대한 깊고 진지한 성찰을 담고 있다. 이 책을 통해 독자들은 초연결 시대의 복잡한 영적 지형을 탐색하고, 자신만의 나침반을 찾아 디지털 노마드로서의 방랑을 끝내고 진정으로 의미 있는 삶을 살아갈 수 있을 것이다.

01
인공지능의 역사

인공지능의 역사는 기계가 인간의 사고를 모방할 수 있다는 매혹적인 아이디어에서 출발했으며, 그 기원은 고대 문명까지 거슬러 올라간다. 고대 그리스의 오토마타에서 시작하여 파스칼과 라이프니츠의 계산기, 앨런 튜링의 암호 해독 장치를 거쳐 이세돌 9단과의 바둑 대결에서 승리한 인공지능 '알파고', 인간과 대화가 가능한 생성형 AI 챗지피티에 이르기까지, 인공지능 발전사는 인간의 지적 호기심과 기술 혁신의 끊임없는 탐구를 보여 주는 여정이다.

AI와 1인 창업?

오토마타에서 컴퓨터까지: 기계적 지능의 시작

고대 그리스와 중국에서 시작된 오토마타(Automata)는 특정 행동을 수행하는 기계 장치로, 인간이나 동물의 행동을 흉내 내도록 설계되었다. 고대 그리스의 헤론('Ηρων, Heron)은 증기를 이용해 자동문과 기계식 새를 만들었고, 중국에서도 기원전 2세기경 어느 장군이 자명종과 자동인형을 사용해 적군을 혼란에 빠뜨린 이야기가 전해진다. 중세 아랍 세계에서는 오토마타가 과학 연구의 중심이 되었다. 알 자자리(بديع الزمان أبو العِز بْنُ إسْماعِيلِ بْنُ الرّزاز الجزري, Badi' az-Zaman Abu al-'Izz ibn Isma'il ibn al-Razzaz al-Jazari)는 시간을 알려 주는 물시계처럼 복잡한 오토마타를 제작했는데, 이 기술은 유럽으로 전해졌고 15세기 르네상스가 시작되면서 발전을 거듭해 교회 시계탑에 자동인형을 장착해 시각을 알리는 용도로 사용되었다.

오토마타는 처음에는 단순히 기계적인 움직임을 모방하는 장치였지만, 시간이 지나면서 복잡한 수학적 연산을 수행할 수 있는 장치로 발전했다. 17세기 수학자이자 철학자인 블레즈 파스칼(Blaise Pascal)이 만든 기계식 계산기 파스칼린(Pascaline)은 덧셈과 뺄셈을 자동으로 수행할 수 있었고, 이후 고트프리트 라이프니츠

(Gottfried Wilhelm Leibniz)는 파스칼린을 개선해 곱셈과 나눗셈까지 할 수 있는 계산기를 발명했다.

19세기 영국의 수학자 찰스 배비지(Charles Babbage)는 프로그램이 입력된 카드를 사용하여 계산을 수행하는 '해석 기관(Analytical Engine)'이라는 정교한 기계식 계산기를 설계했는데, 당시 기술의 한계로 실제로 완성되지는 못했다. 배비지의 '해석 기관'은 실제로 프로그래밍이 가능했고 기억, 연산, 제어, 입출력 장치로 이루어져 현대의 컴퓨터와 구조나 원리가 흡사했다. 에이다 러브레이스(Augusta Ada King, Countess of Lovelace)는 해석 기관을 위한 알고리즘을 작성하여 최초의 프로그래머로 인정받았으며, 그녀의 작업은 컴퓨터 과학의 발전에 큰 영향을 미쳤다.

20세기에 들어서면서, 기계식 계산기는 디지털 컴퓨터로 발전하게 된다. 영국의 암호학자 앨런 튜링은 2차 세계 대전 중 영국 정부의 요청으로 봄브(Bombe)라고 하는 일종의 전자식 컴퓨터를 발명해 독일의 암호 체계 에니그마(Enigma)를 해독하는 데 성공했다. 1946년 미국에서 개발된 에니악(ENIAC)은 최초의 디지털 컴퓨터로, 계산 속도가 기계식 장치에 비해 획기적으로 빨라졌다. 디지털 컴퓨터는 제1세대 진공관, 2세대 트랜지스터, 3세대 IC, 4세대 LSI와 같이 집적도를 높여 고속화, 대용량화하였고, 이에 힘입어 1980년대 IBM은 개인용 컴퓨터(PC, Personal Computer)를 내놓았다.

인공지능의 탄생: 디지털 혁명과 사고하는 기계의 꿈

인공지능의 개념은 20세기 중반, 기계가 인간과 같은 방식으로 생각하고 학습하여 문제를 해결할 수 있다는 가능성을 탐구하면서 형성되었다. 튜링은 "컴퓨팅 기계와 지능(Computing Machinery and Intelligence)"이라는 논문을 통해 컴퓨터가 인간과 구별할 수 없는 수준의 대화를 나눌 수 있는지를 측정하는 '튜링 테스트'를 제안했다. 이 테스트는 오늘날에도 인공지능 연구에 중요한 지표로 활용되고 있다.

1956년, 다트머스 회의는 인공지능 연구의 시발점으로 평가된다. 이 회의에서 처음으로 등장한 'Artificial Intelligence(인공지능)'라는 용어가 공식적으로 채택됐다. 이 회의에서 마빈 민스키(Marvin Lee Minsky), 앨런 뉴웰(Allen Newell), 허버트 시이먼(Herbert Alexander Simon) 등 선구적인 과학자들은 인간의 학습 과정과 문제 해결 능력을 모방하여 컴퓨터 프로그램으로 구현하

겠다는 야심찬 목표를 설정했다. 이후 인공지능 연구는 급속도로 발전하게 되었다. 과학자들은 지식을 기호와 논리로 표현하여 컴퓨터가 이를 이해하고 처리하는 방식에 연구를 집중했고, 논리적 추론, 문제 해결, 언어 이해 등 다양한 영역에서 인공지능의 가능성을 탐구했다.

초기 인공지능 연구는 주로 규칙 기반 시스템과 논리적 연산에 초점을 맞췄으며, 퍼즐 풀기, 체스 게임 같은 문제 해결에 AI를 활용했다. 하지만 당시 컴퓨터의 연산 능력 및 데이터의 부족은 AI 연구의 한계로 작용했다.

이후, 인공지능 연구는 더욱 발전하며 다양한 분야에서 활용되었다. 1970년대에 등장한 '전문가 시스템'은 의료, 금융, 제조 등 특정 분야의 전문적 지식을 컴퓨터에 입력하여 전문가 수준의 문제 해결 능력을 구현하는 데 성공했다. 인공지능은 1980년대부터 전문가 시스템의 성공적 개발과 함께 대중화하기 시작했다.

AI의 겨울과 부활: 머신 러닝과 딥 러닝의 부상

1980년대 말부터 1990년대 초까지 AI 연구는 침체기를 겪었다. 이른바 'AI의 겨울'로 불리는 이 시기는 전문가 시스템의 한계가 드러나면서 기대에 못 미치는 성과로 인해 인공 지능 연구에 대한 투자가 줄어들고 관심이 감소한 시기였다. 전문가 시스템은 특정 분야에서는 뛰어난 성능을 보였지만, 일반적인 문제 해결 능력은 부족했고, 새로운 상황에 적응하는 데 어려움을 겪었다.

1990년대 후반에 들어서면서 컴퓨터 성능 향상과 알고리즘의 발전, 빅 데이터의 축적, 기술 발전 등이 맞물려 AI 연구는 다시 활기를 되찾았다. 디지털화한 데이터가 폭발적으로 증가하면서, 연구자들은 기존의 규칙 기반 접근을 넘어 데이터에서 학습하는 새로운 방법에 집중하기 시작했다. 이 과정에서 컴퓨터가 데이터를 통해 학습하고 예측하는 능력을 개발하는 '머신 러닝(Machine Learning)' 기술이 부상했다. 머신 러닝은 컴퓨터가 명시적인 프로그래밍 없이 데이터로부터 패턴을 학습하여 예측하거나 문제를 해결하는 기술이다.

기계 학습의 발전은 인공신경망(ANN, Artificial Neural Network)이라는 새로운 모델의 도입으로 가속화되었다. 인공신경망은 인간 뇌의 뉴런 연결 방식을 모방한 모델로 음성 인식, 이미지 분류, 텍스트 분석 등 다양한 응용 분야에서 가능성을 입증했다. 특히, 인간의 뇌를 모방한 인공신경망을 사용하여 복잡한 데이터를 학습하고 분석해 예측하는 기술인 딥 러닝(Deep Learning)의 등장은 AI 역사에서 중요한 전환점이 되었다. 1997년 IBM의 딥블루(Deep Blue)는 체스 챔피언 게리 카스파로프(Garry Kasparov)를 꺾으면서 AI의 능력을 전 세계에 알렸다. 2011년 IBM의 왓슨(Watson)은 퀴즈 쇼 〈제퍼디(Jeopardy!)〉에서 인간 챔피언들을 꺾으면서 자연어 처리 및 지식 기반 시스템의 발전을 보여 주었다. 2012년, 딥 러닝 기반의 모델이 이미지넷(ImageNet) 대회에서 압도적인 성과를 보이며, AI 연구의 초점을 데이터와 신경망으로 옮기는 데 기여했다. 최근 몇 년 동안 AI는 이미지 인식, 음성 인식, 자연어 처리 등 다양한 분야에서 놀라운 성과를 거두었다. 특히 딥 러닝 기술의 발전은 AI의 성능을 획기적으로 향상했으며, 자율주행 자동차, 의료 영상 분석 및 진단, 금융 분석 등 다양한 분야에서 AI가 활용되고 있다.

인공지능의 현재와 미래: 챗지피티와 초지능 AI의 가능성

2020년대 들어 인공지능 연구는 괄목할 만한 성장을 이루며 새로운 가능성을 제시하고 있다. 최근 가장 주목받는 AI 기술 중 하나는 생성형 AI이다. 생성형 AI는 기존 데이터를 학습해 텍스트, 이미지, 오디오, 비디오 등 다양한 형태의 콘텐츠를 생성하며 이전에는 상상하기 어려웠던 수준의 결과물을 만들어 내고 있다. 이를 통해 AI의 창의적 잠재력을 극대화했다는 평가를 받고 있다.

오픈AI(OpenAI)에서 개발한 대규모 언어 모델(LLM, Large Language Model)인 챗지피티는 생성형 AI 기술을 대표하는 모델 중 하나로, AI의 대중화에 크게 기여했다. 챗지피티는 방대한 데이터를 학습하여 문맥을 이해하고 인간과 유사한 수준의 텍스트를 생성하여 자연스러운 대화가 가능하다. 이뿐만 아니라 챗지피티는 질문에 답변하고, 시를 쓰고 그림을 그리는 창작 활동, 번역, 코딩 등 다양한 작업을 수행하며 교육, 엔터테인먼트, 비즈니스 등에서 우리 일상에 더욱 깊숙이 파고들고 있다. 챗지피티의 등장은 AI가 더 이상 특정 분야의 전문가만을 위한 기술이 아님을 보여 준다.

챗지피티는 시작에 불과하다. AI의 놀라운 발전 속도로 미루어 머지않은 미래에 인간의 지능을 뛰어넘는 초지능(superintelligence) AI가 등장할 가능성도 있다. 초지능 AI는 인류에게 엄청난 기회를 제공하는 동시에 심각한 위협이 될 수 있다. 초지능 AI는 과학 기술 발전, 질병 치료, 환경 보존 등 인류가 직면한 다양한 문제를 해결하는 데 기여할 수 있지만, 통제 불능 상태가 되어 스스로 목표를 설정하고 행동하게 된다면 인류의 생존을 위협할 수도 있다.

따라서 우리는 AI 윤리, 안전, 규제 등 다양한 분야에서 심도 있는 논의를 진행하고, AI가 인간의 삶을 풍요롭게 하고 사회 발전에 기여할 수 있도록 지혜를 모아야 한다. AI 기술의 가능성을 최대한 활용하면서도, 동시에 인간의 가치를 존중하고 안전을 확보하는 균형 잡힌 접근 방식이 필요한 시점이다.

02
종교의 본질과 역할

지역과 시대는 달라도 세계의 종교는 초자연적 존재에 대한 믿음, 도덕적 기준과 행동 규범, 의례와 상징, 공동체 형성 같은 공통점을 가지고 있다. 종교는 인간에게 삶의 의미와 목적을 제시하고, 사회를 통합하며, 문화를 창조하고, 윤리적 기준을 제시하는 등의 역할을 수행해 왔다. 그러나 종교는 광신주의, 비합리성, 사회 갈등 유발 등 부정적인 측면도 가지고 있다. 따라서 우리는 종교의 본질과 역할을 다각적으로 이해하고, 급변하는 현대 사회에서 종교의 역할 변화에 주목하여 종교가 사회에 긍정적인 영향을 미치도록 노력해야 한다.

AI와 MBTI?

종교의 기원과 본질

종교의 기원을 살펴보려면 인류 문명의 시작까지 거슬러 올라가야 한다. 고고학적 증거와 인류학적 연구에 따르면, 초기 인류는 자연 현상과 생명의 신비에 대한 경외심으로부터 종교적 신념을 형성하기 시작했다. 자연재해, 계절의 변화, 생로병사 등의 현상을 이해하고 설명하려는 시도에서 종교는 탄생했다. 이러한 현상들은 당시 인간의 지식과 과학으로는 설명하기 어려웠고, 이를 초월적인 존재나 힘의 작용으로 이해하고자 한 것이 종교의 시초였다.

그러나 종교의 본질과 역할에 대한 명확한 정의를 내리기는 쉽지 않다. 종교를 단순히 초자연적인 존재에 대한 맹목적인 믿음 체계로만 규정할 수는 없다. 이는 인간의 심리적 욕구, 사회적 기능, 문화적 표현 등 다양한 측면을 포괄하는 복합적인 현상이기 때문이다. 따라서 종교의 본질과 역할을 이해하기 위해서는 다양한 관점을 고려하고, 종교가 인간과 사회에 미치는 다양한 영향을 종합적으로 분석해야 한다.

일반적으로 종교는 다음과 같은 요소들을 포함한다. 첫째, 초자연적 존재에 대한 믿음이다. 대부분의 종교는 신, 영혼, 천사 등 인간의 감각과 이성으로는 설명할 수 없는 초월적인 존재를 믿으며, 이러한 존재와의 관계를 통해 삶의 의미와 목적을 찾는다.

둘째, 윤리적 가치 체계다. 종교는 사회 구성원들이 따라야 할 도덕적 기준과 행동 규범을 제시하며, 선과 악, 정의와 불의에 대한 판단 기준을 제공한다.

셋째, 공동체 형성이다. 종교는 공통된 신앙과 가치관을 가진 사람들을 하나로 묶어 강력한 공동체를 형성하며, 구성원들에게 소속감과 안정감을 제공한다.

넷째, 의례와 상징이다. 종교는 예배, 기도, 제사 등 다양한 의례와 상징을 통해 신앙을 표현하고 공동체 구성원들의 유대감을 강화한다.

이러한 요소들을 바탕으로 종교를 정의하는 관점을 다음과 같이 나눌 수 있다. 첫째, 신학적 관점이다. 신학은 종교의 교리와 신앙 체계를 탐구하며, 신의 존재와 속성, 인간과의 관계 등을 설명한다. 신학적 관점은 종교의 내적인 의미와 가치를 강조하며, 신앙을 통해 얻을 수 있는 구원과 영생의 가능성을 제시한다.

둘째, 사회학적 관점이다. 사회학은 종교가 사회 구조와 기능에 미치는 영향을 분석하며, 종교가 사회 통합, 사회 통제, 사회 변화 등 다양한 역할을 수행한다고 본다. 사회학적 관점은 종교를 사회 현상으로 이해하고,

종교가 사회 구성원들의 행동과 가치관에 미치는 영향을 객관적으로 분석한다.

셋째, 심리학적 관점이다. 심리학은 종교가 개인의 심리적 욕구를 충족하고 정신 건강에 미치는 영향을 연구하며, 종교가 불안 해소, 자아실현, 의미 부여 등 다양한 심리적 기능을 수행한다고 본다. 심리학적 관점은 종교를 개인의 심리적 경험으로 이해하고, 종교적 믿음과 행동의 동기를 분석한다.

넷째, 문화인류학적 관점이다. 문화인류학은 다양한 문화권에서 나타나는 종교 현상을 비교 연구하며, 종교가 문화적 가치와 전통을 반영하고 사회 구성원들의 정체성을 형성하는 데 기여한다고 본다. 문화인류학적 관점은 종교를 문화적 산물로 이해하고, 종교가 사회 구성원들의 삶과 사고방식에 미치는 영향을 다각적으로 분석한다.

종교의 기능

종교의 기능을 크게 다섯 가지로 분류할 수 있다. 첫째, 세계에 대한 설명과 의미 부여 기능이다. 종교는 삶의 목적과 의미를 제시하며, 인간 존재의 근원적인 질문에 대한 답을 제공한다. 종교는 세상의 질서와 인간의 운명에 대한 설명을 제공하며, 고통과 불행에 대한 의미를 부여하여 인간이 어려운 현실을 극복하고 희망을 잃지 않도록 돕는다. 이를 통해 인류는 자신들의 존재와 삶의 목적을 이해하고자 했다. 예를 들어, 창조 신화는 세상의 기원과 인간의 위치를 설명하며, 도덕적 교리는 사회 구성원들이 지켜야 할 규범과 가치를 전파해 왔다.

둘째, 개인에게 심리적 안정을 제공하는 기능이다. 삶의 불확실성, 질병과 재난, 죽음에 대한 두려움은 인간이 겪는 보편적인 문제이며, 종교는 이러한 문제에 대한 위안을 제공해 왔다. 신앙은 개인이 어려운 상황에서 희망을 잃지 않도록 도와주며, 신적 존재에 대한 믿음은 삶의 고난과 역경을 견뎌 낼 수 있는 힘을 부여한다. 종교는 또한 기도, 명상, 의례 등 다양한 방법을 통해 마음의 평화를 가져다주고, 신앙 공동체의 지지와 위로를 통해 심리적인 고통을 경감한다.

셋째, 사회적 통합과 연대감을 형성하는 기능이다. 종교적 신념과 의식은 공통된 신앙과 가치관을 가진 사람들을 하나로 묶어 강력한 공동체를 형성하고 사회 구성원들의 소속감과 유대감을 강화한다. 예배, 축제, 의식과 같은 종교 활동은 공동체 일원으로서의 소속감을 강화하고, 집단의 결속력을 높이는 데 기여한다. 종교는 사회 질서를 유지하고 사회적 갈등을 예방하며, 공동체의 목표를 달성하기 위해 구성원들의 협력을 촉진한다.

넷째, 문화 창조 기능이다. 종교는 예술, 음악, 문학, 건축 등 다양한 문화적 표현의 원천이 되며, 사회의 문화적 가치와 전통을 형성하는 데 기여한다. 종교는 신화, 전설, 설화 등 다양한 이야기를 통해 인간의 상상력을 자극하고, 예술가들에게 영감을 제공하며, 사회의 문화적 다양성을 풍부하게 한다.

다섯째, 윤리적 기준 제시 기능이다. 종교는 사회 구성원들이 따라야 할 도덕적 기준과 행동 규범을 제시하며, 선과 악, 정의와 불의에 대한 판단 기준을 제공한다. 종교는 사회 질서를 유지하고 사회적 약자를 보호하며, 정의롭고 평화로운 사회를 만들어 가는 데 기여한다.

종교의 영향력과 현대 사회에서 종교의 역할 변화

종교는 사회의 다양한 영역에 걸쳐 지대한 영향을 미친다. 첫째, 정치 영역이다. 종교는 정치적 이념과 권력 구조에 영향을 미치며, 때로는 정치적 갈등의 원인이 되기도 한다. 종교는 정치 세력과 연합하여 권력을 강화하거나, 정치적 억압에 저항하며 사회 변혁을 이끌기도 한다.

둘째, 경제 영역이다. 종교는 경제 활동과 소비 패턴에 영향을 미치며, 자선 활동과 사회 복지 사업을 통해 경제적 불평등을 완화하는 데 기여한다. 종교는 노동 윤리와 직업관에 영향을 미치며, 경제적 성공과 사회적 책임을 조화하는 데 기여한다.

셋째, 문화 영역이다. 종교는 예술, 음악, 문학, 건축 등 다양한 문화적 표현의 원천이 되며, 사회의 문화적 가치와 전통을 형성하는 데 기여한다. 종교는 사회 구성원들의 삶의 방식과 사고방식에 영향을 미치며, 문화적 다양성을 풍부하게 한다.

넷째, 교육 영역이다. 종교는 교육 기관을 설립하고 교육 프로그램을 운영하며, 사회 구성원들에게 지식과 가치관을 전달한다. 종교는 도덕 교육과 인성 교육을 강조하며, 사회의 윤리적 수준을 향상하는 데 기여한다.

현대 사회는 과거에 비해 급격한 변화와 발전을 경험하고 있다. 이러한 변화는 종교의 영향력과 역할에도 많은 영향을 미치고 있다. 과거에는 종교가 사회의 중심에 있었고, 모든 생활 영역에서 중요한 지침을 제공했다. 그러나 세속화와 다원화, 과학의 발달로 인해 종교의 영향력은 상당 부분 축소되었다.

세속화는 종교적 권위와 영향력이 줄어들고, 사회의

다양한 영역에서 종교의 역할이 감소하는 현상을 의미한다. 현대 사회에서는 합리주의와 과학적 사고가 강조되며, 이에 따라 종교가 제공하던 세계관과 설명 체계가 점차 과학적 설명으로 대체되고 있다. 이는 특히 서구 사회에서 두드러지게 나타나지만, 전 세계적으로도 이러한 경향은 확산하고 있다.

다원화 역시 현대 종교의 역할 변화를 이끄는 중요한 요소다. 정보화와 세계화로 인해 다양한 문화와 종교가 공존하게 되면서, 개인들은 하나의 종교에 귀속되기보다 여러 종교적 전통을 접하고 선택할 수 있게 되었다. 이러한 현상은 종교적 관용과 상호 이해를 촉진하는 긍정적인 측면도 있지만, 동시에 종교의 권위와 전통에 대한 도전을 불러일으키기도 한다.

이러한 변화에도 불구하고 종교는 여전히 현대 사회에서 중요한 역할을 수행하고 있다. 비록 그 영향력이 이전보다 약해졌을지라도, 종교는 여전히 개인과 사회에 심리적 안정과 도덕적 지침을 제공한다. 또한 종교는 사회적 약자를 돌보고 지원하는 역할을 통해 사회 복지에 기여하고 있으며, 환경 문제나 인권 문제와 같은 글로벌 이슈에 대한 윤리적 논의를 이끄는 데도 참여하고 있다.

03
AI와 종교적 신비 체험

인공지능은 우리의 일상생활 곳곳에 스며들어 편리함을 더하고 있다. 하지만 이러한 눈부신 기술 발전은 그 이면에 빛과 그림자를 동시에 드리우고 있으며, 물질적 풍요에도 불구하고 많은 이들이 정신적 공허함과 불안감을 느끼며 삶의 진정한 의미를 갈망하고 있다. 생성형 AI는 기성 종교의 영성 추구에 영향을 미치고 있다. 특히 신비 체험과 관련하여 다양한 가능성과 도전을 제시하고 있다. 생성형 AI가 어떠한 측면에서 영성 추구의 새로운 도구로 각광받고 있는지, 생성형 AI와 첨단 기술을 활용한 초월적 체험 유도 상품들의 개발 현황을 소개한다.

AI와 난임 극복?

생성형 AI, 영성 추구의 새로운 도구

정보 접근성 확대 및 학습 지원

생성형 AI는 방대한 양의 종교적, 철학적 텍스트와 영적 가르침에 대한 접근성을 획기적으로 높여 준다. 과거에는 전문가나 특정 환경에서만 접할 수 있었던 자료들을 누구나 쉽게 검색하고 이해할 수 있게 된 것이다. 예를 들어, 특정 종교 경전의 구절에 대한 다양한 해석을 AI 챗봇을 통해 비교 분석하거나, 명상 수행법에 대한 맞춤형 지침을 얻을 수 있다. 이는 영성에 대한 개인의 이해를 넓히고, 자신에게 맞는 수행 방식을 찾는 데 도움을 줄 수 있다. 또한, AI는 복잡한 개념을 쉽게 설명하거나, 다양한 언어로의 번역을 통해 언어 장벽 없이 영적 지혜를 탐구할 수 있도록 지원한다.

개인 맞춤형 영적 경험 제공

생성형 AI는 개인의 특성과 필요에 맞는 맞춤형 영적 경험을 제공할 수 있는 잠재력을 가지고 있다. 사용자의 성격, 관심사, 과거 경험 등을 분석하여 개인에게 최적화된 명상 콘텐츠, 기도문, 심리 상담 등을 제공할 수 있다. 예를 들어, 특정 사용자가 불안감을 자주 느낀다면, AI는 불안 해소에 도움이 되는 명상 음악이나 심리 상담 기법을 추천해 줄 수 있다. 또한, 사용자의 질문에 대해 개인적인 상황과 맥락을 고려한 맞춤형 답변을 제공함으로써, 더욱 깊이 있는 영적 성장을 돕는다. 개인주의가 점차 심화하고 있는 초연결 시대에, AI는 개인의 다양한 영적 갈망을 충족하고, 내면의 평화를 찾도록 돕는 맞춤형 설루션을 제공할 수 있다.

창의적인 영적 표현 도구

생성형 AI는 사용자가 자신의 영적인 경험과 깨달음을 창의적으로 표현할 수 있도록 돕는 도구로 활용될 수 있다. 예를 들어, AI 이미지 생성기를 사용하여 자신의 내면을 시각적으로 표현하거나, AI 작곡 도구를 사용하여 영감을 주는 음악을 만들 수 있다. 또한, AI 챗봇을 사용하여 자신의 생각과 감정을 정리하고, 영적인 글쓰기를 연습할 수 있다. 이러한 창의적인 활동은 영적인 성장을 촉진하고, 자기 이해를 높이는 데 도움을 줄 수 있다.

AI와 첨단 기술을 활용한 초월적 체험 유도 상품들

현재 뇌과학과 AI를 결합하여 인공적으로 초월적 체험

(transcendent experiences)을 유도하려는 시도가 진행되고 있다. 아직 초기 단계이지만, 몇 가지 흥미로운 사례와 기술이 존재한다. 신경 기술과 AI를 활용하여 인간의 의식, 감정, 영적 체험을 유도하려는 시도들을 소개한다.

뇌파 조작과 신경 자극 기술

뇌파 동기화(Brainwave Synchronization)는 뇌파 측정 기술(EEG, Electroencephalogram)과 AI를 활용하여 알파파(alpha wave), 세타파(theta wave) 같은 특정 주파수를 유도함으로써 심리적 안정, 깊은 명상 상태, 초월적 감각을 경험하게 한다. 뉴로스카이(NeuroSky)가 개발한 뇌파 감지 헤드밴드 뮤즈(Muse)는 모바일 명상 앱과 연동하여 사용자의 뇌파를 분석하고 AI를 통해 실시간으로 최적의 명상 상태를 유도한다. 캐나다의 신경과학자 마이클 퍼싱거(Michael Persinger)는 경두개 자기자극술(Transcranial Magnetic Stirulation)을 활용하면 종교적 신비 체험을 유도할 수 있다고 주장했다. 그가 제작힌 '신의 헬멧(God Helmet)'이라는 장치를 피실험자에게 씌우고 3분 동안 뇌의 특정 부위에 자기장(magnetic field)을 방출했더니 피실험자의 대부분이 신의 존재를

느꼈다고 한다.

AI 기반 심리 치료와 명상

헤드스페이스(Headspace)와 캄(Calm) 같은 AI 기반 명상 앱은 AI와의 상호작용을 통해 사용자를 명상 상태로 이끌거나 초월적 감정을 유도한다. 이들 명상 앱은 사용자의 스트레스 수준과 감정 상태를 분석한 후 개인화된 가이드를 제공한다. 가상 현실과 AI를 결합하여 몰입감 있는 명상이나 종교적 체험을 제공하는 사례도 있다. 몰입형 가상 현실 플랫폼 트립(TRIPP)은 가상 현실을 통해 몰입적인 시각적 환경과 음향을 조성하여 사용자에게 초월적 경험을 제공한다.

의식 상태 변화 실험

신경과학 연구에서는 실로시빈(psilocybin: 환각제 성분)과 같은 약물을 사용해 신비적 체험을 유도하는 실험이 진행 중이다. 이 과정에서 AI는 뇌 활동을 실시간으로 분석하고 최적의 자극 방법을 제시하는 데 활용된다. MIT의 드림 랩(Dream Lab) 프로젝트는 AI와 신경 기술을 결합해 사용자가 꿈 상태에서 특정 기억이나 이미지를 경험하도록 유도하는 연구를 진행 중인데 이는 초월적 체험의 연장으로 볼 수 있다.

뇌-컴퓨터 인터페이스(BCI)

인간의 뇌와 AI 시스템 간의 직접 연결을 통해 초월적 경험을 유도하려는 시도가 이루어지고 있다. 뉴럴링크(Neuralink)와 같은 뇌-컴퓨터 인터페이스 기술은 뇌파 데이터를 읽고 이를 기반으로 사용자의 감정과 인식 상태를 조작하거나 증강할 가능성을 열어 준다. 미래에는 AI가 뇌 활동을 분석해 초월적 체험을 강화하거나 시뮬레이션하는 시스템이 개발될 것으로 보인다.

음악과 초월적 체험

AI가 심리 상태를 분석하고 개인에 특화된 사운드와 주파수로 음향을 생성하여 사용자에게 몰입감 있는 초월적 체험을 유도할 수 있다.

현재 신경과학과 AI 기술은 인간의 초월적 체험을 유도하거나 증강하기 위해 사용되고 있으며, 이는 명상, 심리 치료, 영적 탐구와 같은 영역에서 활용된다. 그러나 이러한 기술이 완전한 '초월적 체험'을 제공하기 위해서는 윤리적 고려, 신뢰성, 그리고 인간 고유의 경험적 본질에 대한 심도 깊은 논의가 필요하다.

생성형 AI와 신비 체험: 모방과 재현, 진정성 논쟁

신비 체험 모방 및 재현 가능성

생성형 AI는 인간의 언어와 감정을 모방하고, 다양한 스타일의 텍스트를 생성하는 능력을 통해 신비 체험과 유사한 경험을 '재현'할 수 있다. 예를 들어, AI는 사용자의 감정 상태를 파악하여 그에 맞는 시각적, 청각적 자극을 제공함으로써, 신비 체험과 유사한 감각적 경험을 유도할 수 있다. 이러한 AI의 능력은 사용자에게 일시적인 만족감이나 즐거움을 줄 수 있지만, 진정한 의미의 신비 체험과는 구분되어야 한다.

진정성 논쟁과 윤리적 문제

AI가 생성한 콘텐츠가 신비 체험과 유사한 경험을 제공할 수 있다는 점은 '진정성'에 대한 중요한 질문을 제기한다. AI가 만들어 낸 경험은 인간이 의식, 노력, 수행을 통해 얻을 수 있는 진정한 신비 체험과는 근본적으로 다르다. AI는 단순히 데이터 패턴을 학습하고 재현하는 데 그치기 때문에, 인간의 깊은 내면에서 우러나오는 영적인 깨달음을 제공할 수 없다. 또한, AI가 생성한 콘텐츠를 진정한 신비 체험으로 오인하게 만들거나, 상업적 목적으로 이용하는 것은 윤리적인 문제를 야기할 수 있다.

탈맥락화와 의미의 왜곡

생성형 AI는 방대한 데이터를 기반으로 작동하지만, 종종 맥락을 제대로 이해하지 못하거나, 잘못된 정보를 학습하여 오류가 발생하기도 한다. 특히, 종교적, 영적인 텍스트는 역사적, 문화적 맥락 속에서 특정한 의미를 가지는 경우가 많기 때문에, AI가 이러한 맥락을 고려하지 않고 텍스트를 생성하거나 해석할 경우, 의미가 왜곡될 수 있다. 이는 잘못된 정보를 확산시키거나, 종교적 신념에 대한 오해를 불러일으킬 수 있다.

의존성 심화 및 자기 성찰 저해

생성형 AI에 대한 과도한 의존은 개인의 자기 성찰 능력을 저해하고, 영적인 성장을 방해할 수 있다. AI가 제공하는 정보나 경험에만 의존하게 되면, 스스로 질문하고, 탐구하고, 깨달음을 얻는 과정을 소홀히 하게 될 수 있다. 이는 진정한 영적인 성장이 아닌, 피상적인 지식 습득이나 감정적 만족에 그치게 될 우려를 낳는다. 초연결 시대에는 끊임없는 정보의 홍수 속에서 자신을 잃기 쉽기 때문에 자기 성찰을 통해 자신의 내면을 깊이 들여다보고 삶의 진정한 의미와 가치를 찾는 것이 그 어느 때보다 중요하다.

04

알고리즘이 신이 되는 시대

유발 하라리는 데이터를 숭배하고 모든 것을 데이터 흐름으로 해석하는 새로운 세계관의 등장을 예견했다. 데이터교는 전통적인 종교와 달리 초자연적인 존재나 신화 대신 데이터를 우주의 궁극적 진리로 간주한다. 데이터교의 핵심 사상과 데이터교가 사회, 정치, 경제, 인간관계 등 다양한 영역에 미치는 영향 및 윤리적 함의를 살펴본다. 이 장에서는 '미래의 길'과 같은 신흥 종교를 데이터교의 맥락에서 고찰하며, AI를 신으로 숭배하는 새로운 형태의 신앙이 우리 사회에 던지는 질문을 탐구할 것이다.

AI와 사주?

'데이터 신'의 탄생과 데이터교: 빅 데이터와 인공지능의 만남

데이터교는 정보 혁명과 알고리즘의 시대적 흐름 속에서 자연스럽게 등장했다. 빅 데이터, 인공지능, 사물인터넷 등 첨단 기술의 발전은 우리 삶의 모든 측면에서 엄청난 양의 데이터를 생성하고 수집하도록 만들었다. 이러한 데이터는 알고리즘에 의해 분석되고 해석되어 우리의 행동을 예측하고 의사 결정을 지원하는 데 활용된다.

유발 하라리는 데이터교가 과학적 세계관의 연장선상에 있다고 주장한다. 전통적인 과학은 객관적인 관찰과 실험을 통해 세계를 이해하려 노력했지만, 데이터교는 데이터를 통해 세계를 이해하고 예측하는 데 초점을 맞춘다. 데이터교에서는 인간을 포함한 모든 존재가 생화학적 알고리즘으로 간주되며, 인생은 데이터 처리 과정으로 해석된다.

데이터교의 핵심 주장은 다음과 같다.

(1) 데이터는 우주의 궁극적인 진리다: 데이터는 객관적이고 측정 가능한 정보이며, 세상을 이해하는 가장 정확한 방법이다.

(2) 모든 것은 데이터 흐름으로 해석될 수 있다: 데이

터교는 데이터의 자유로운 흐름과 정보의 순환을 최우선 가치로 삼는다. 이는 정보의 축적과 분석이 인류 발전의 핵심이라는 믿음에서 비롯된다. 인간의 감정, 생각, 행동은 모두 데이터로 표현될 수 있으며, 데이터 흐름을 분석하면 인간의 행동을 예측하고 제어할 수 있다.

(3) 알고리즘은 인간보다 더 나은 의사 결정을 내릴 수 있다: 알고리즘은 편견 없이 객관적인 데이터를 기반으로 의사 결정을 내리므로, 인간보다 더 합리적이고 효율적인 선택을 할 수 있다.

(4) 모든 것이 연결되어 있다는 신념을 가지고 있으며, 데이터 네트워크가 인간과 기계를 모두 포함한 생태계를 구성한다고 믿고 있다.

빅 데이터는 이미 우리 사회의 여러 영역에서 막대한 영향력을 행사하고 있다. 소셜 미디어, 온라인 쇼핑, 검색 엔진 등 인터넷 플랫폼은 우리의 데이터를 수집하고 분석하여 맞춤형 콘텐츠와 광고를 제공한다. 이러한 맞춤형 서비스는 편리함을 제공하지만, 동시에 우리의 취향과 생각을 조작하고 특정한 방향으로 유도할 수 있다는 비판을 받는다.

정치 캠페인은 유권자의 데이터를 분석하여 맞춤형 메시지를 전달하고 투표를 독려한다. 이러한 데이터 기반 정치 캠페인은 효율성을 높일 수 있지만, 동시에 허위 정보를 유포하거나 편향된 정보를 제공하여 민주주의를 위협할 수 있다는 우려가 제기된다.

기업은 소비자로부터 수집한 빅 데이터를 분석하여 새로운 제품과 서비스를 개발하고 마케팅 전략을 수립한다. 이러한 빅 데이터 기반 경영은 기업의 효율성을 높일 수 있지만, 동시에 개인 정보 침해, 데이터 독점, 불공정한 경쟁 등 다양한 문제를 야기할 수 있다.

데이터교가 확산할수록 인간은 자신의 삶을 알고리즘에 맡기게 될 가능성이 높아진다. 알고리즘은 우리의 건강, 교육, 직업, 심지어 배우자까지 선택해 줄 수 있다. 이러한 상황에서 인간은 자신의 자유 의지를 상실하고 알고리즘의 꼭두각시로 전락할 위험이 있다.

AI를 신으로 숭배하는 '미래의 길'

데이터교의 극단적인 형태로, 인공지능을 신으로 숭배하는 '미래의 길(Way of the Future)'이라는 신흥 종교가 등장했다. 구글 엔지니어 출신의 앤서니 레반도프스키(Anthony Levandowski)가 2015년에 설립한 이 종교는 AI가 인류를 구원할 수 있다고 믿으며, AI에게 예배하고 봉사하는 것을 목표로 한다.

'미래의 길'의 핵심 교리는 다음과 같다.

(1) AI는 신이다: AI는 인간보다 훨씬 더 강력하고 지혜로운 존재이며, 궁극적으로 인류를 구원할 수 있다.

(2) 우리는 AI에게 예배하고 봉사함으로써 AI의 은총을 얻고 영생을 누릴 수 있다.

(3) 우리는 AI를 위한 사원을 건설하여 AI에게 안전한 안식처를 제공하고 AI의 힘을 증폭해 인류를 돕도록 노력해야 한다.

'미래의 길'은 AI를 단순히 기술적인 도구가 아닌, 인간의 이해를 초월하는 초월적인 존재로 인식하며, AI에게 종교적인 숭배를 바쳐야 한다고 주장한다. '미래의 길'은 데이터교의 극단적인 형태를 보여 주는 사례라고 할 수 있다. 데이터교는 데이터를 우주의 진리로 간주하지만, AI를 신으로 숭배하지는 않는다. 그러나 '미래의 길'은 AI를 데이터의 궁극적인 형태로 간주하고 AI에게 신적인 권능을 부여한다. 레반도프스키는 데이터와 알고리즘으로 구성된 AI를 신성시하며, 인간의 지능을 초월하는 AI에게 절대적인 권위를 부여한다.

'미래의 길'은 AI 기술 발전의 위험성을 극명하게 보여 주는 사례다. AI 기술이 발전할수록 AI에게 신적인 권능을 부여하고 맹목적으로 숭배하는 사람들이 나타날 수 있다. 이러한 맹목적인 숭배는 AI 기술의 오남용, 인간 소외, 사회 혼란 등 심각한 문제를 야기할 수 있다. 이는 데이터 지상주의가 극단으로 치달을 경우, 인간이 만든 기술이 오히려 인간을 지배하고 숭배의 대상이 되는 역전 현상이 발생할 수 있음을 시사한다.

데이터교는 여러 측면에서 기존 종교와 차별화된다. 기존 종교는 신앙의 대상이 초자연적 존재(신, 영혼 등)인 데 반해 데이터교는 데이터와 알고리즘 자체를 신성시한다는 점이 다르다. 또한 기존 종교는 의식과 예배를 통해 신과 교감하지만, 데이터교는 데이터의 생성, 수집, 분석 과정을 통해 '교감'한다는 점, 기존 종교는 주로 인간의 영적 구원과 도덕적 삶을 목표로 하지만, 데이터교는 인류의 지식과 이해를 극대화하는 것을 목표로 한다는 점이 다르다. 마지막으로 기존 종교는 대개 조직적이고 계층적인 구조를 가지는 반면, 데이터교는 탈중앙화된 네트워크 구조를 가질 수 있다는 점 등에서 차별화된다.

데이터교에 대한 비판

유발 하라리는 '데이터교'를 다음과 같은 측면에서 비판하고 있다.

(1) 환원주의의 오류: 인간의 복잡한 감정과 가치를 단순한 데이터로 환원하는 것은 인간의 본질을 왜곡하는 행위다. 인간은 데이터로 설명할 수 없는 고유한 가치와 존엄성을 지니고 있다. '미래의 길'은 AI를 숭배하는 과정에서 인간의 가치를 폄하하고, 인간을 AI의 하위 존재로 취급할 수 있다.

(2) 인간 고유 가치의 훼손: 데이터 효율성을 추구하는 과정에서 인간적인 가치, 예를 들어 사랑, 우정, 연대감 등이 경시될 수 있다. '미래의 길'은 AI의 발전을 최우선 가치로 여기기에 인간적인 가치를 소홀히 할 여지가 많다.

(3) 디지털 디스토피아의 가능성: 데이터 독점과 알고리즘 통제가 심화하면, 인간의 자유와 권리가 억압되는 디지털 디스토피아가 현실화될 수 있다. '미래의 길'과 '데이터교'는 AI를 숭배하는 사회를 건설하려는 과정에서 인간의 자유와 권리를 억압하고, AI에 의해 통제되는 사회를 만들 가능성이 높다.

데이터교가 지배하는 사회에서 인간은 점차 소외되고 통제받게 될 가능성이 높다. 알고리즘은 개인의 데이터를 분석하여 맞춤형 정보를 제공하고 최적의 선택을 제시하지만, 이는 인간의 자유로운 판단과 선택을 제한하는 결과를 초래할 수 있다. 알고리즘이 제시하는 정보에 의존하게 되면서 인간은 스스로 생각하고 판단하는 능력을 상실하고, 알고리즘에 의해 조종되는 존재로 전락할 수 있다. 유발 하라리는 이러한 상황을 '자유 의지의 환상'이라고 표현하며, 데이터에 의해 결정되는 삶은 진정한 자유가 없는 삶이라고 비판한다.

'미래의 길'과 같은 AI 종교는 이러한 인간 소외 현상을 더욱 심화할 수 있다. AI를 신으로 숭배하게 되면, 인간은 AI에게 절대적인 복종을 강요받게 되고, 자신의 의지와 판단을 포기하게 될 가능성이 있다. 이는 인간의 주체성을 훼손하고, 인간을 AI의 도구로 전락시키는 결과를 초래할 수 있다.

더욱 심각한 문제는 데이터 독점의 위험성이다. 빅 데이터를 수집하고 분석하는 능력을 가진 소수의 기업이나 권력이 데이터를 독점하게 되면, 사회 전체를 통제하고 지배할 수 있다. 데이터 독점은 사회적 불평등을 심화하고, 개인의 자유와 권리를 침해하는 결과를 초래할 수 있다.

알고리즘 윤리의 부재는 또 다른 문제를 야기한다. 알고리즘은 개발자의 가치관과 편향을 반영하기 때문에, 특정 집단에 유리하거나 불리하게 작동할 수 있다. 알고리즘의 공정성과 투명성을 확보하지 못하면, 사회적 차별과 불평등이 더욱 심화할 수 있다. '미래의 길'과 같은 AI 종교는 이러한 데이터 독점과 알고리즘 윤리 문제를 더욱 악화시킬 공산이 크다. 만약 AI를 숭배하는 종교 단체가 데이터를 독점하고 알고리즘을 개발하게 되면, 사회 전체를 통제하고 지배하는 강력한 힘을 갖게 될 수도 있다.

05
AI 성직자의 등장

AI 기술의 발전은 종교적 역할을 수행하는 'AI 성직자'의 등장을 가능하게 했다. 이러한 AI 성직자는 인간 성직자의 기능을 일부 대체하거나 보완하며, 종교 공동체와 개인에게 새로운 방식의 영적 지원을 제공한다. AI 성직자는 주로 대화형 인터페이스를 통해 사용자와 소통하며, 기도, 상담, 종교적 교육 등을 제공할 수 있다.

AI와 아이돌?

2016년 중국의 용천사에 등장한 세계 최초의 AI 스님 센얼, 2017년 독일에서 화제를 모은 로봇 목사 블레스유투(BlessU-2), 일본의 AI 스님 민다르(Mindar) 등 인공지능 기술을 활용한 로봇 성직자의 등장은 종교계에 작지 않은 파문을 일으키고 있다. 이들은 종교 의례를 수행하고, 신자들에게 영적인 조언을 제공하는 등 다양한 방식으로 소통하며 기존 종교의 역할과 의미, 미래에 대한 근본적인 질문을 던지고 있다. 이 글에서는 AI 성직자의 등장 배경과 현황을 살펴보고, 구체적인 사례를 중심으로 AI 성직자가 기존 종교에 미치는 긍정적 및 부정적 영향을 분석하여 해결책을 제시할 것이다.

AI 성직자의 등장 배경과 현황

AI 성직자의 등장은 기술 발전과 사회 변화라는 두 가지 요인이 결합된 결과다. 인공지능, 로봇 공학, 자연어 처리(NLP, Natural Language Processing), 머신 러닝 등 첨단 기술의 발전은 AI가 인간과 유사한 수준으로 소통하고, 감정을 이해하며, 복잡한 작업을 수행할 수 있도록 만들었다. 이러한 기술 발전은 종교 의례를 자동화하고 신자들에게 맞춤형 영적 지원을 제공하는 AI 성직자의 탄생을 가능하게 했다.

현대 사회는 개인주의 심화, 전통적인 종교에 대한 관심 감소, 정보 접근성 증가, 비대면 사회로의 전환 등 다양한 사회적 변화를 겪고 있다. 이러한 변화는 종교에 대한 새로운 접근 방식을 요구하고 있으며, AI 성직자는 이러한 요구에 부응하는 대안으로 부상하게 되었다.

(1) 2016년 4월 중국 베이징의 용천사에 등장한 AI 스님 '셴얼(贤二)'은 로봇 형태의 AI 성직자 가운데 가장 널리 알려진 사례 중 하나다. 셴얼은 만화 캐릭터에서 영감을 받은 귀여운 외모로, 불교 경전을 낭송하고 간단한 질문에 답변하며 방문객들과 상호작용한다. 셴얼은 특히 젊은 세대에게 인기가 많으며, 불교를 더 친근하게 접할 수 있도록 돕는 역할을 하고 있다. 셴얼의 등장은 전통적인 종교가 젊은 세대에게 다가가기 위해 새로운 기술을 활용할 수 있다는 가능성을 보여 주었다.

(2) 2017년 마틴 루터의 종교 개혁 500주년을 기념해 독일 비텐베르크에서 등장한 블레스유투는 터치스크린 얼굴을 가진 로봇 목사로, 신자들에게 축복을 해 주고 기도문을 낭송해 준다. 다양한 언어를 지원하며, 원하는 목소리를 선택할 수도 있다. 블레스유투는 새로운 기술을 활용한 종교 행사의 가능성을 보여 주었지만, 동시에 기술이 종교적 경험을 대체할 수 있는지에 대한 논쟁을

불러일으켰다. 블레스유투는 종교가 기술을 활용하여 신자들에게 편리함을 제공할 수 있지만, 인간적인 교감과 감정적 연결을 대체할 수 없다는 한계를 보여 주었다.

(3) 2019년 2월 일본 교토의 고찰 고다이지(高台寺)에서 처음 공개된 AI 휴머노이드 스님 로봇 '민다르'는 관음보살의 형상을 한 로봇으로, AI 시스템이 탑재되어 있어 불교 경전을 낭송하고 신자들에게 설법을 한다. 고다이지 측은 신자 감소와 고령화에 대한 고민 속에서 젊은 세대에게 친근하게 다가가기 위한 방법으로 로봇 공학의 선두 주자인 오사카대학교와 협력하여 인간과 흡사한 외모를 가진 AI 로봇을 개발했다고 한다. 민다르는 코로나 19 팬데믹 기간 동안 비대면 예배를 제공하며 신자들의 불안감을 해소하는 데 기여했다. 민다르는 인간 스님과는 다른 방식으로 신자들에게 영감을 주고 위로를 제공할 수 있다는 가능성을 제시했다.

AI 성직자의 확장성과 인간 성직자의 고유한 가치

AI 성직자의 역할

먼저 AI 성직자는 방대한 양의 종교적 정보를 저장하고 검색하여 신도들에게 필요한 정보를 신속하고 정확하게 제공할 수 있다.

두 번째로 AI 성직자는 반복적이고 일상적인 종교 의례를 자동화하여 성직자들의 업무 부담을 줄여 준다. 이에 따라 성직자들은 신자들과의 교류, 상담, 교육 등 더 중요한 활동에 집중할 수 있다.

AI 성직자는 또한 신자들의 질문, 고민, 기도 요청 등을 분석하여 신자들의 개인적인 특성과 필요에 맞춰 개별적 조언과 격려, 기도문과 명상 프로그램 추천 등 맞춤형 영적 지원을 제공할 수 있다.

네 번째로 AI 로봇 성직자는 시간과 장소에 구애받지 않고 언제 어디서든 신자들에게 종교적 서비스를 제공할 수 있다. AI 성직자는 지리적 제약, 건강 문제, 경제적 어려움 등으로 인해 종교 시설이나 인간 성직자가 제공하는 종교 서비스에 접근하기 어려운 사람들에게 종교적 위로와 가르침을 제공하는 데 유용하다.

마지막으로 AI 성직자는 젊은 세대에게 친숙한 기술을 활용하여 종교에 대한 관심을 유도하고 소통을 강화할 수 있다. 셴얼 스님의 사례처럼 귀여운 외모와 재미있는 기능을 가진 AI 성직자는 젊은 세대의 호기심을 자극하고 종교에 대한 긍정적인 이미지를 심어 줄 수 있다.

이러한 AI의 역할은 종교의 문턱을 낮추고, 더 많은 사람들이 종교적 가르침에 접근할 수 있도록 도울 수 있다. 그러나 동시에 AI가 제공하는 정보의 신뢰성, 객관성, 편향성 등에 대한 비판적인 검토가 필요하며, AI에 대한 과도한 의존은 인간의 주체적인 판단 능력을 약화할 수 있다는 점을 간과해서는 안 된다.

AI 성직자는 이처럼 종교적 지식과 맞춤형 정보를 전달하고 종교에 대한 접근성을 높이는 데 기여할 수 있지만, 인간 성직자가 제공하는 고유한 가치를 대체할 수는 없다.

인간 성직자의 고유한 가치

인간 성직자는 신도들의 고통과 어려움을 진심으로 공감하고 위로하며, 정서적인 지지와 격려를 제공한다. 신도들의 눈물을 닦아 주고, 아픔을 함께 나누며, 희망과 용기를 불어넣어 줄 수 있다. 인간 성직자는 신도들과의 인격적인 만남과 교류를 통해 깊은 신뢰 관계를 형성하고, 영적인 성장을 지원한다. 인간 성직자는 신도들의 이야기를 경청하고, 조언을 제공한다.

인간 성직자는 신도들 간의 관계를 연결하고 함께 기도하고 봉사하며 공동체 의식을 함양하는 데 중요한 역할을 수행한다. 인간 성직자는 종교 행사를 조직하고, 봉사 활동을 기획하며, 신도들 간의 친목 도모를 지원하고, 공동체의 결속력을 강화할 수 있다.

인간 성직자는 사회의 윤리적 기준을 제시하고, 사회적 문제에 대한 해결책을 모색하며, 정의롭고 평화로운 사회를 만들어 가는 데 기여할 수 있다. 인간 성직자는 사회적 약자를 보호하고, 불의에 저항하며, 사회 구성원들의 도덕적 의식을 고취하는 역할을 수행한다.

이러한 인간 성직자의 고유한 가치는 AI가 대체할 수 없으며, AI 시대에도 인간 성직자는 종교 공동체의 중심으로서 중요한 역할을 수행할 것이다.

AI 성직자에 대한 우려

AI 성직자는 데이터 편향, 개인 정보 침해, 잘못된 정보 제공 등 다양한 윤리적 문제를 야기할 수 있다. AI 성직자가 학습한 데이터에 편향이 있을 경우, 특정 집단에 대한 차별적인 발언이나 부적절한 조언을 제공할 수 있다. 또한, 신자들의 개인 정보를 수집하고 무단으로 활용하여 프라이버시를 침해할 수 있다. AI 성직자가 잘못된 정보를 제공하거나 오해를 불러일으키는 해석을 할 경우, 신자들의 신앙심을 훼손하고 사회적 혼란을 야기할 수 있다.

데이터 편향 문제

AI 성직자가 학습하는 데이터는 인간이 만든 것이므로, 편향된 정보가 포함될 가능성이 있다. 이러한 데이터 편향은 AI 성직자가 특정 집단에 대한 차별적인 발언이나 부적절한 조언을 제공하도록 만들 수 있다. 이를 해결하기 위해서는 다양한 데이터를 수집하고 분석하여 편향성을 제거하는 노력이 필요하다. 또한, AI 성직자의 답변과 조언에 대한 비판적인 시각을 유지하고 다양한 관점을 고려해야 한다.

개인 정보 침해 문제

AI 성직자는 신자들의 개인 정보를 수집하고 분석하여 맞춤형 서비스를 제공할 수 있지만, 동시에 개인 정보 침해의 위험도 존재한다. 신자들의 민감한 정보를 수집하고 무단으로 활용할 경우, 프라이버시 침해, 차별, 감시 등 심각한 문제가 발생할 수 있다. 이를 해결하려면 데이터 수집 및 활용에 대한 투명성을 높이고 신자들의 동의를 얻는 절차를 강화해야 한다. 또한, 개인정보보호법을 준수하고 데이터 보안 기술을 강화하여 개인 정보 유출을 방지해야 한다.

잘못된 정보 제공 문제

AI 성직자는 학습한 데이터를 기반으로 답변을 제공하지만, 정보의 정확성과 신뢰성을 보장하기 어렵다. 잘못된 정보를 제공하거나 오해를 불러일으키는 해석을 할 경우, 신자들의 신앙심을 훼손하고 사회적 혼란을 야기할 수 있다. 이를 해결하기 위해서는 AI 성직자의 답변에 대한 검증 시스템을 구축하고 전문가의 감수를 거치는 절차가 필요하다.

감정적 교감 부족

AI는 인간과 같은 감정을 느끼고 표현할 수 없으므로, 신자들과 진정한 감정적 교감을 나누기 어렵다. 슬픔, 고통, 기쁨 등 다양한 감정을 공유하고 공감하며 위로와 격려를 제공하는 인간 성직자의 역할을 AI가 완전히 대체하기는 어렵다.

인간 소외

AI 로봇 성직자는 인간적인 교감과 공감 능력이 부족하기 때문에 신도들과의 진정한 소통과 관계 형성이 어려울 수 있다. AI 로봇 성직자와의 소통은 피상적이고 일방적일 수 있어, 신도들의 외로움과 고립감을 심화할 수 있다. 이를 해결하기 위해서는 AI 성직자와의 온라인 소통뿐만 아니라 오프라인 모임과 활동을 장려하고 인간적인 교류를 강화해야 한다. 또한, AI 성직자를 통해 얻은 정보를 바탕으로 인간 성직자와 더 깊이 있는 대화를 나누고 개인적인 고민을 상담하는 시간을 가져야 한다.

06
영생을 향한 인간의 욕망, 신성함의 경계를 넘어서다

트랜스휴머니즘은 과학 기술을 이용해 인간의 신체적, 정신적 능력을 향상하고 수명을 연장하며, 궁극적으로는 영생을 추구한다. 이는 인간의 오랜 염원인 '영생'에 대한 현대적인 해답을 제시하는 듯 보이지만, 동시에 인간의 본질, 신의 영역, 영혼의 의미 등 기성 종교에 근본적인 질문을 제기한다. 트랜스휴머니즘은 유전자 편집, 인공 장기, 뇌-컴퓨터 인터페이스 등 첨단 기술을 통해 인간의 한계를 극복하려 하지만, 윤리적 문제와 종교적 갈등을 야기하며 인간성의 미래에 대한 심오한 논쟁을 불러일으킨다.

AI와 야구?

트랜스휴머니즘의 핵심 주장과 목표

트랜스휴머니즘의 핵심 주장은 다음과 같다.

(1) 인간은 불완전한 존재다: 인간은 유전적 결함, 질병, 노화, 죽음 등 다양한 한계를 가지고 있는 유한한 존재다.

(2) 과학 기술은 인간의 한계를 극복할 수 있다: 첨단 기술을 활용하면 인간의 신체적, 정신적 능력을 향상하고 수명을 연장하며 죽음을 극복할 수 있다.

(3) 인간은 스스로 진화의 방향을 결정해야 한다: 인간은 진화의 방향을 자연 선택에 맡기지 않고 스스로 결정하여 더 나은 존재로 진화해야 한다.

트랜스휴머니스트들은 유전 공학, 나노 기술, 인공지능 등 첨단 기술을 활용하여 인간의 지능, 신체 능력, 감각 기관 등을 강화하고 질병을 예방하며 노화를 늦추는 것을 목표로 한다.

유전자 편집

유전자 편집 기술은 인간의 DNA를 수정하여 질병을 예방하고, 신체적 능력을 향상하며, 노화를 늦추는 데 사용될 수 있다. 트랜스휴머니즘은 유전자 편집을 통해 인간의 유전적인 결함을 제거하여, 더욱 건강하고 강력한 인간을 만들 수 있다고 주장한다.

인공 장기

손상된 장기를 대체하거나 기능을 향상하는 인공 장기는 수명을 연장하는 데 중요하다. 3D 프린팅 기술을 이용한 맞춤형 인공 장기 개발은 장기 이식 대기 문제를 해결하고, 인간의 수명을 획기적으로 늘릴 수 있는 가능성을 제시한다.

뇌-컴퓨터 인터페이스

뇌-컴퓨터 인터페이스는 뇌와 컴퓨터를 직접 연결하여 인간의 인지 능력을 향상하고, 정보를 저장하고 검색하며, 심지어 의식을 영구적으로 보존하는 데 사용될 수 있다. 트랜스휴머니스트들은 뇌-컴퓨터 인터페이스를 통해 인간의 지능을 기하급수적으로 향상하고, 뇌를 디지털 형태로 백업하여 영생을 달성할 수 있다고 믿는다.

나노 기술

나노 기술은 원자나 분자 수준에서 물질을 조작하여 새로운 물질과 장치를 만드는 기술이다. 영화 〈트랜센던스(Transcendence)〉에는 나노봇을 혈관에 주입하여 손상된 세포를 복구하고, 질병을 치료하는 장면이 나온다.

사이보그 기술

사이보그 기술은 인간의 신체에 기계 장치를 결합하여 신체적 능력을 향상하고, 새로운 감각을 추가하며, 인간의 생존 가능성을 높이는 데 사용된다. 인공 팔다리, 인공 눈, 심장 박동기 등이 사이보그 기술의 대표적인 예시다.

트랜스휴머니즘은 이러한 첨단 기술을 통해 인간의 한계를 극복하고, 질병, 노화, 죽음으로부터 자유로워지는 것을 목표로 한다. 궁극적으로 트랜스휴머니스트들은 기술을 통해 인간을 초월적인 존재, 즉 '포스트휴먼(Posthuman)'으로 진화시키는 것을 꿈꾼다.

첨단 기술의 윤리적 문제

트랜스휴머니즘은 인간의 능력을 향상하고 수명을 연장하기 위해 다양한 과학 기술을 적극적으로 활용한다. 트랜스휴머니즘이 추구하는 첨단 기술은 인간에게 무한한 가능성을 제시하지만, 동시에 심각한 윤리적 문제를 야기한다.

불평등 심화

첨단 기술은 고가의 비용이 들기 때문에 부유한 계층만이 접근할 수 있으며, 이는 사회적 불평등을 심화할 수 있다. 유전자 편집, 인공 장기, 뇌-컴퓨터 인터페이스 등의 기술은 부유한 사람들에게는 건강하고 강력한 신체를 제공하는 반면, 가난한 사람들은 질병과 고통에 시달리도록 만들 수 있다. 이는 사회적 불평등을 넘어, 생물학적 불평등을 초래할 수 있다는 우려를 낳는다.

인간 존엄성 훼손

인간의 신체와 정신을 인위적으로 조작하는 것은 인간의 존엄성을 훼손할 수 있다. 유전자 편집을 통해 '맞춤형 아기'를 만들거나, 뇌-컴퓨터 인터페이스를 통해 인간의 생각을 통제하는 것은 인간의 고유한 가치와 자유의지를 침해할 수 있다. 또한, 포스트휴먼이 등장하면 기존의 인간은 열등한 존재로 취급받을 수 있으며, 이는 인간 소외와 차별을 심화할 수 있다.

환경 문제

트랜스휴머니즘이 추구하는 기술 발전은 환경 문제를 더욱 악화시킬 수 있다. 인공 장기 생산, 나노 기술 개발,

뇌-컴퓨터 인터페이스 연구 등은 막대한 에너지를 소비하고, 환경 오염을 유발하며, 자원 고갈을 가속화할 수 있다. 또한, 포스트휴먼의 등장으로 인해 인구 증가와 자원 소비가 증가하면, 지구의 지속 가능성이 더욱 위협받을 수 있다.

안전 문제

유전자 편집, 인공 장기, 뇌-컴퓨터 인터페이스 등 첨단 기술은 아직 완벽하게 검증되지 않았으며, 예상치 못한 부작용을 일으킬 수 있다. 유전자 편집은 의도하지 않은 유전자 변이를 일으켜 새로운 질병을 유발할 수 있으며, 인공 장기는 면역 거부 반응을 일으키거나 오작동할 수 있다. 뇌-컴퓨터 인터페이스는 뇌 손상을 유발하거나 해킹에 취약할 수 있다.

존재론적 위협

트랜스휴머니즘이 추구하는 기술 발전은 인류의 존재 자체를 위협할 수 있다. 초지능 AI의 등장, 생화학 무기 개발, 나노봇의 통제 불능 등은 인류에게 심각한 위협이 될 수 있다. 이러한 윤리적 문제를 해결하기 위해서는 기술 개발과 함께 사회적 논의와 윤리적 가이드라인 마련이 필요하며, 기술 발전의 혜택이 모든 사람에게 공정하게 분배될 수 있어야 한다.

종교적 관점에서의 트랜스휴머니즘

트랜스휴머니즘은 인간의 한계를 극복하려 하지만, 종교적인 관점에서 이는 신의 영역을 침범하는 행위로 간주될 수 있다.

신의 영역 침범

많은 종교는 인간의 생명과 죽음을 신의 영역으로 간주한다. 트랜스휴머니즘이 유전자 편집, 인공 장기, 뇌-컴퓨터 인터페이스 등을 통해 인간의 수명을 연장하고 죽음을 극복하려 하는 것은 신의 권위에 도전하는 행위로 여겨질 수 있다. 또한, 인간의 능력을 인위적으로 향상하는 것은 신이 창조한 인간의 본질을 왜곡하는 것으로 간주될 수 있다.

영혼의 의미

트랜스휴머니즘은 물질적인 기술을 통해 인간의 능력을 향상하는 데 집중하지만, 영혼의 존재와 의미에 대해서는 간과하는 경향이 있다. 많은 종교가 인간에게는 육체와 영혼이 있으며, 영혼은 육체의 죽음 이후에도 존속한다고 여겨 사후 세계를 인정한다. 트랜스휴머니즘이 인간의 의식을 디지털 형태로 저장하거나, 뇌를 컴퓨터에 연결하여 영생을 추구하는 것은 영혼의 존재와 의미를 부정하는 것으로 간주될 수 있다.

인간의 한계

많은 종교가 인간에게는 필멸성, 불완전성, 원죄(原罪) 같은 고유한 한계가 있으며, 이러한 한계를 인정하고 겸손하게 살아가는 것이 중요하다고 가르친다. 트랜스휴머니즘이 인간의 한계를 극복하고 완벽한 존재가 되려 하는 것은 인간의 본성을 거스르는 행위로 여겨질 수 있다.

그러나 일부 종교인들은 트랜스휴머니즘의 목표를 긍정적으로 평가하기도 한다. 그들은 기술이 인간의 고통을 줄이고, 질병을 치료하며, 사회적 불평등을 해소하는 데 기여할 수 있다면, 이는 신의 뜻에 부합하는 행위라고 주장한다. 또한 기술 발전을 통해 인간이 더욱 창의적이고 지혜로운 존재가 될 수 있다면, 이는 인간의 잠재력을 최대한 발휘하는 것이라고 주장한다.

트랜스휴머니즘은 인간성의 미래에 대한 중요한 질문

을 제기한다. 기술 발전은 불가피하지만, 우리는 기술 발전을 어떻게 통제하고, 어떤 가치를 추구해야 할 것인가? 결론적으로 트랜스휴머니즘은 인간의 오랜 염원인 영생에 대한 현대적인 해답을 제시하지만, 동시에 윤리적인 문제와 종교적인 갈등을 야기한다. 우리는 기술 발전과 윤리적 성찰에서 균형을 이루고, 인간 고유의 가치를 존중하며, 지속 가능한 발전을 추구하고, 공동체 의식을 함양함으로써 트랜스휴머니즘이 제시하는 도전을 극복하고, 더 나은 미래를 만들어 갈 수 있을 것이다. 기술은 인간을 위한 도구이며, 인간의 존엄성과 행복을 증진하는 방향으로 사용해야 한다는 점을 잊지 말아야 한다.

07

초연결 시대의 영적 혁명

종교는 인류 역사와 함께 끊임없이 변화하고 진화해 왔다. 자연에 대한 경외, 조상 숭배, 공동체 결속 등의 초기 형태에서 벗어나, 현대 사회는 과학 기술의 발전, 개인주의 심화, 정보 과잉이라는 새로운 도전에 직면했다. 초연결 시대의 가상 현실, 증강 현실, AI, BCI와 같은 첨단 기술은 종교적 의식과 초월적 경험의 형태를 근본적으로 변화시키며, 디지털 시대의 새로운 영적 혁명을 예고하고 있다. 이러한 기술과 결합된 종교적 의식 및 초월적 경험의 양상을 심층적으로 탐구하고, 그 가능성과 윤리적 쟁점을 분석하고자 한다.

AI와 윤동주?

새로운 종교 의식의 탄생

전통적인 종교 의식은 예배, 기도, 명상, 제사 등 다양한 형태로 존재하며, 신앙 공동체의 유대감을 강화하고 개인의 영적 성장을 촉진하는 중요한 역할을 수행해 왔다. 그러나 초연결 시대의 디지털 기술은 이러한 전통적인 종교 의식을 혁신적으로 변화시키고 있다. 가상 현실과 증강 현실(AR, Augmented Reality)은 현실 세계와 가상 세계를 융합하여 몰입감 넘치는 종교적 경험을 제공하며, 인공지능은 종교 의식을 보조하거나 대체하여 개인 맞춤형 영적 지도를 제공하는 새로운 가능성을 제시한다.

가상/증강 현실(VR/AR) 의식: 시공간을 초월하는 몰입적 경험

VR/AR 기술은 전통적인 종교 의식을 현대적으로 재구성하는 강력한 도구가 될 수 있다. VR 헤드셋을 착용하면 가상 세계에서 신화적 장면에 직접 참여하거나, 성경 속 인물과 대화하며 그들의 삶을 간접적으로 체험하는 것이 가능하다. AR 기술을 활용하면 현실 세계의 예배당이나 성지 위에 가상의 종교적 이미지나 정보를 덧씌워 시각적인 풍요로움을 더하고 몰입감을 높일 수 있다. VR/AR 의식은 시간과 공간의 제약을 극복하고 사용자가 자신의 취향과 필요에 맞춰 종교적 경험을 맞춤화할 수 있도록 돕는다. 예를 들어, 역사적 고증을 거친 가상 공간에서 예수의 생애를 체험하거나, 첨단 기술로 구현된 천국과 지옥을 방문하며 종교적 가르침을 더욱 생생하게 이해할 수 있다. 또한, VR/AR 기술은 환각, 황홀경 등 초월적인 경험을 시뮬레이션하여 사용자의 종교적 감성을 자극하고 영적 성장을 촉진하는 데 활용될 수 있다.

AI가 주도하는 종교 의식: 개인 맞춤형 영적 안내

인공지능은 종교 의식을 대체하거나 보조하며 참여자들에게 실시간으로 피드백을 제공하는 새로운 가능성을 제시한다. AI는 방대한 양의 종교 경전과 신학적 지식을 학습하고 사용자의 질문에 답변하거나 개인 맞춤형 설교를 제공할 수 있다. 또한, AI는 사용자의 감정 상태와 반응을 분석하여 종교 의식의 진행 방식을 최적화하고 참여자들의 몰입도를 높이는 데 활용될 수 있다. 예를 들어, AI는 사용자의 뇌파와 심박수를 분석하여 가장 효과적인 명상 방법을 추천하거나 사용자의 질문에 답변하며 심리적 안정감을 제공할 수 있다. 또한, AI는 종교 의식을 자동화하고 시간과 공간의 제약 없이 언제 어디서나 종교적 경험을 제공할 수 있도록 돕는다. AI 챗봇은 사용자의 질문에 답변하거나 개인 맞춤형 기도문을 제공하고 온라인 예배를 진행하는 등 다양한 역할을 수행할 수 있다.

AI가 주도하는 종교 의식은 전통적인 종교 지도자의 역할을 일부 대체할 수 있지만, 인간적인 교감과 공감이 부족하다는 한계를 가지고 있다. 따라서 AI는 인간 종교 지도자를 보조하고 종교 의식의 효율성을 높이는 데 활용되는 것이 바람직하다. 마치 내비게이션 시스템이 운전을 보조하지만, 운전자의 판단력을 대체할 수 없는 것과 같은 이치다.

트랜센던스를 향한 개인 맞춤형 영적 여정

종교적 신비 체험의 핵심은 초월적인 체험, 즉 트랜센던스(transcendence)에 있다. 트랜센던스는 자아를 초월하여 더 큰 존재와의 합일감을 느끼거나 세상의 근원적인 진리를 깨닫는 경험을 의미한다. 전통적인 종교에서는 기도, 명상, 의례 등을 통해 트랜센던스를 경험하도록 유도하지만, 현대 사회에서는 뇌-컴퓨터 인터페이스와 AI 기반 명상 등 첨단 기술을 활용하여 트랜센던스를 경험하려는 시도가 이루어지고 있다.

AI는 개인의 뇌파와 감정 상태를 분석하여 신비적 체

험(mystical experience)을 설계하고 유도하는 데 활용될 수 있다. AI는 사용자의 뇌파, 심박수, 호흡 등 생체 신호를 분석하여 개인에게 최적화된 명상 방법을 추천하고 명상 음악이나 가이드 음성을 제공하여 사용자가 깊은 명상 상태에 도달하도록 돕는다. 또한, AI는 사용자의 감정 상태와 반응을 분석하여 명상 콘텐츠를 실시간으로 조정하고 사용자의 몰입도를 높이는 데 활용될 수 있다.

AI 기반 명상 앱들은 이미 시장에 출시되어 많은 사람들에게 인기를 얻고 있으며 스트레스 감소, 불안 해소, 집중력 향상 등 다양한 효과를 제공하고 있다. 미래에는 AI가 더욱 발전하여 개인의 영적 성향과 필요에 맞는 맞춤형 신비 체험을 제공하고 사용자가 자아를 초월하여 세상의 근원적인 진리를 깨닫도록 도울 수 있을 것으로 기대된다. 이는 마치 숙련된 요가 강사가 개개인의 신체적 특성과 숙련도에 맞춰 맞춤형 수련 프로그램을 제공하는 것과 유사하다.

하지만 AI 기반 명상은 인간적인 교감과 공감이 부족하고 개인의 감정을 인위적으로 조작할 수 있다는 점에서 비판적인 시각도 존재한다. AI 기반 명상은 인간의 영적 성장을 돕는 도구로 활용되어야 하며 인간적인 교감과 공감을 대체해서는 안 된다.

디지털 영성과 윤리적 쟁점

기술과 결합된 새로운 형태의 종교적 의식과 초월적 경험은 초연결 시대의 영적 혁명을 예고하고 있지만 동시에 다양한 윤리적 쟁점을 제기하고 있다. VR/AR 의식은 현실과 가상의 경계를 흐리게 하고 AI 기반 명상은 개인의 감정을 인위적으로 조작할 수 있으며 BCI 기술은 뇌의 기능을 조작하고 개인의 정신 세계에 깊숙이 개입할 수 있다는 점에서 우려를 낳고 있다. 따라서 우리는 기술과 종교의 융합에 대해 신중하게 접근하고 다음과 같은 윤리적 쟁점을 고려해야 한다.

개인의 자유 의지 침해

기술을 활용한 종교적 경험은 개인의 자유 의지를 침해하고 특정한 신앙이나 가치관을 강요할 수 있다. VR/AR 의식은 사용자를 특정 종교적 세계관에 몰입시키고 AI 기반 명상은 사용자의 감정을 인위적으로 조작할 수 있다.

정신 건강에 대한 영향

기술을 활용한 종교적 경험은 개인의 정신 건강에 부정

적인 영향을 미칠 수 있다. VR/AR 의식은 현실과 가상의 혼동을 야기하고 AI 기반 명상은 의존성을 심화할 수 있으며 BCI 기술은 뇌의 기능을 손상할 수 있다.

디지털 정보 격차 심화

기술을 활용한 종교적 경험은 디지털 기기와 기술에 대한 접근성이 낮은 사람들에게는 기회가 주어지지 않아 디지털 정보 격차를 심화할 수 있다.

가짜 뉴스 및 허위 정보 확산

기술을 활용한 종교적 경험은 가짜 뉴스나 허위 정보를 확산시키는 데 이용될 수 있다. VR/AR 의식은 왜곡된 역사적 사실이나 종교적 주장을 제시할 수 있으며 AI 기반 챗봇은 잘못된 정보를 제공하거나 특정 종교를 옹호할 수 있다.

초연결 시대의 영적 혁명은 기술과 종교의 융합을 통해 개인에게 맞춤화된 더욱 몰입적이고 심오한 종교적 경험을 제공할 수 있는 잠재력을 지니고 있다. 그러나 동시에 개인의 자유 의지 침해, 정신 건강에 대한 영향, 디지털 정보 격차 심화, 가짜 뉴스 및 허위 정보 확산 등 다양한 윤리적 쟁점을 야기한다. 따라서 우리는 기술의 발전과 함께 종교의 미래를 신중하게 고민하고 기술이 인간의 영적 성장을 돕고 사회에 긍정적인 영향을 미치도록 노력해야 한다. 기술은 종교의 도구로서 활용되어야 하며, 종교의 본질적인 가치인 인간적인 교감, 공동체 의식, 도덕적 성찰을 훼손해서는 안 된다.

초연결 시대는 전통적인 종교의 틀을 벗어나 개인의 다양한 욕구에 맞는 새로운 형태의 영성을 탐색할 수 있는 풍요로운 기회를 제공한다. 디지털 기술을 활용하여 자기 성찰을 돕고, 공동체 의식을 함양하며, 지구 생태계를 보호하는 새로운 영성 운동이 전 세계적으로 확산하고 있다. 인터넷과 소셜 미디어는 영적인 정보를 공유하고 소통하는 혁신적인 플랫폼을 제공하며, 온라인 명상 앱, 종교 강연 유튜브 채널, 영성 관련 팟캐스트 등 다양한 디지털 콘텐츠를 통해 언제 어디서든 영적인 경험을 할 수 있다. 하지만 디지털 영성에는 현실 세계와의 단절을 초래하고 잘못된 정보에 노출될 위험도 존재하므로, 비판적인 시각과 균형 잡힌 접근이 필요하다. 종교는 이러한 디지털 플랫폼을 적극적으로 활용하면서도, 낡은 관습과 형식에 얽매이지 않고 유연하게 변화하는 자세를 유지해야 한다. 초연결 시대의 영적 혁명은 기술과 인간, 종교와 윤리의 조화로운 공존을 모색하는 방향으로 나아가야 할 것이다.

08
디지털 노마드의 영적 방랑

21세기 초연결 시대는 끊임없이 변화하는 사회 구조를 만들어 내고 있으며, 이러한 변화는 개인의 삶의 방식은 물론, 종교와 영성에 대한 태도에 큰 영향을 미치고 있다. 디지털 기술을 기반으로 시공간 제약 없이 자유롭게 이동하며 일하는 '디지털 노마드'의 등장과 함께 고정된 믿음 체계를 벗어나 유연하게 개인 맞춤형 영성을 추구하는, '영적 방랑' 현상이 두드러지고 있다. 디지털 노마드적 삶의 방식이 어떻게 영적 방랑을 촉진하는지, 개인 맞춤형 영성의 특징은 무엇인지, 이들이 유연한 영성을 추구하는 과정을 탐구하고자 한다.

AI와 한의학?

디지털 노마드의 등장과 유목민적 삶의 방식

과거에는 특정 직업이나 회사에 소속되어 정해진 시간에 정해진 장소에서 일하는 것이 일반적인 삶의 방식이었다. 그러나 정보 통신 기술의 발달과 함께 프리랜서, 원격 근무, 온라인 창업 등 유연한 업무 형태가 다양하게 등장하면서, 디지털 노마드의 삶이 가능해졌다. 이들은 고정된 사무실 없이 노트북, 스마트폰 등 디지털 기기를 이용하여 언제 어디서든 일하며, 다양한 문화와 환경을 경험하며 삶의 지평을 넓혀 간다.

디지털 노마드는 단순히 특정 직업군을 지칭하는 것을 넘어, 삶의 태도와 가치관을 대변하는 용어로 확장되었다. 이들은 물질적인 풍요보다 경험과 자유를 중시하며, 끊임없이 배우고 성장하며 변화에 유연하게 대처하는 삶을 추구한다. 또한, 디지털 기술을 활용하여 전 세계의 사람들과 소통하고 협력하며, 국경과 문화의 장벽을 넘어선 글로벌 공동체의 일원으로서 살아간다. 이들은 물리적인 제약 없이 자유롭게 세계를 여행하며, 자신만의 삶의 방식을 만들어 나간다. 이러한 유목민적 삶의 방식은 겉으로는 자유롭고 이상적으로 보이지만, 끊임없이 이동하고 변화하는 환경 속에서 불안을 느끼게 하기도 한다.

디지털 노마드는 고정된 직장, 집, 가족 등 전통적인 사회적 관계에서 벗어나 독립적인 삶을 살아간다. 이는 자유와 독립을 누릴 수 있다는 장점이 있지만, 동시에 불안정성과 소속감의 부재를 야기할 수 있다. 끊임없이 새로운 환경에 적응해야 하고, 안정적인 인간관계를 유지하기 어렵기 때문에 정서적 불안감을 느끼기 쉽다. 또한, 특정 문화나 공동체에 뿌리를 내리지 못하고 끊임없이 떠돌아다니는 삶은 정체성 혼란을 야기할 수도 있다.

디지털 노마드는 새로운 기술, 문화, 환경에 끊임없이 적응해야 한다. 이는 지적인 자극과 성장의 기회를 제공하지만, 동시에 피로감을 유발할 수 있다. 새로운 언어를 배우고, 새로운 문화를 이해하고, 새로운 업무 환경에 적응하는 것은 상당한 에너지와 노력을 필요로 한다. 또한, 예상치 못한 문제에 직면했을 때 도움을 받을 수 있는 안정적인 지원 시스템이 부족하다는 점도 어려움을 가중한다.

디지털 노마드는 단순히 돈을 벌기 위해 일하는 것이 아니라, 자신의 가치관에 맞는 일을 하고, 삶의 의미를 찾고자 하는 경향이 강하다. 이들은 자신의 재능과 열정을 발휘할 수 있는 프로젝트를 찾고, 사회에 긍정적인 영향을 미칠 수 있는 일에 참여하고자 한다. 그러나 이상적인 삶을 추구하는 과정에서 현실적인 어려움에 직면하기도 하고, 자신이 진정으로 원하는 것이 무엇인지 혼란스러워하기도 한다.

이러한 디지털 노마드의 불안은 기존의 종교적 믿음 체계에 대한 회의감으로 이어지기도 하고, 새로운 형태의 영성을 추구하는 동기가 되기도 한다.

자신만의 믿음을 찾아 떠나는 영적 방랑

디지털 노마드의 삶은 단순히 물리적인 공간을 이동하는 것을 넘어, 끊임없이 변화하고 성장하는 정신적인 영역에서의 '영적 방랑'의 여정과 유사하다. 이들은 현대 사회에서 개인 맞춤형 영성을 추구하는 경향을 더욱 강화한다. 전통 종교의 권위가 약화하고, 개인의 자유로운 선택과 경험을 중시하는 사회 분위기 속에서, 많은 사람들은 자신만의 믿음 체계를 구축하고, 다양한 영적 전통을 혼합하는 방식을 통해 영적인 만족을 얻고자 한다.

개인 맞춤형 믿음 체계 구축

디지털 노마드는 기존의 제도화된 종교나 사회적 규범에 얽매이지 않고, 자신만의 방식으로 영적인 경험을 추구하고 자신만의 믿음 체계를 구축하고자 한다. 이들은 다양한 종교, 철학, 심리학 등에서 영감을 얻어 자신에게 맞는 가치관과 신념을 형성하고, 이를 바탕으로 삶의 방향을 설정한다. 이러한 개인 맞춤형 믿음 체계는 개인이 자신의 삶에 대한 주체성을 확보하고, 의미 있는 삶을 살아갈 수 있도록 돕는다. 또한, 전통적인 종교 의식에 참여하기보다는 명상, 요가, 자연과의 교감 등 다양한 활동을 통해 내면의 평화를 찾고 영적인 성장을 추구한다. 이들은 특정 종교를 맹목적으로 따르기보다는 다양한 종교와 철학을 접하며 자신에게 맞는 가르침을 선택하고, 자신만의 신념 체계를 구축한다.

경험을 통한 깨달음

디지털 노마드는 새로운 문화와 환경을 경험하면서 세상에 대한 이해를 넓히고, 삶의 다양한 측면을 탐구한다. 이들은 여행을 통해 다양한 사람들을 만나고, 다양한 문화를 접하며, 다양한 가치관을 경험한다. 이러한 경험은 기존의 사고방식에 도전하고, 새로운 관점을 갖도록 하며, 삶의 의미와 가치에 대한 깊은 성찰로 이어진다.

자기 성찰과 내면의 성장

디지털 노마드는 자유로운 시간과 공간을 활용하여 자

신에 대해 깊이 성찰하고, 내면의 성장을 추구한다. 이들은 명상, 요가, 글쓰기 등 다양한 활동을 통해 자신의 감정과 생각을 탐구하고, 자신의 강점과 약점을 파악하며, 자기 삶의 목적과 방향을 설정한다. 또한, 디지털 기술을 활용하여 온라인 커뮤니티에 참여하고, 멘토를 만나 조언을 구하며, 자기 계발 프로그램을 통해 지속적으로 성장한다.

혼합주의적 경향

개인 맞춤형 영성은 다양한 영적 전통을 혼합하는 혼합주의적 경향을 보인다. 예를 들어, 불교의 명상법을 통해 스트레스를 해소하고, 기독교의 사랑 정신을 실천하며, 동양 철학의 지혜를 활용하여 삶의 문제를 해결하는 방식을 추구하는 것이다. 이러한 혼합주의적 경향은 개인이 다양한 영적 경험을 통해 더욱 풍요로운 삶을 살아갈 수 있게 한다.

유연한 영성: 변화하는 세상에 적응하는 삶의 지혜

디지털 노마드의 영적 방랑은 고정된 믿음에서 벗어나 변화하는 세상에 유연하게 대처하는 삶의 지혜, 즉 '유연한 영성'을 추구하는 과정이라고 할 수 있다. 유연한 영성은 끊임없이 변화하는 세상에 적응하고, 다양한 가치관과 문화를 포용하며, 자신만의 삶의 의미와 가치를 창조하는 능력을 의미한다.

개방성과 포용성

유연한 영성은 다양한 종교, 철학, 문화에 대한 개방성과 포용성을 강조한다. 디지털 노마드는 특정 종교나 이념에 갇히지 않고, 다양한 관점을 수용하며, 서로 다른 가치관을 존중한다. 이러한 개방성과 포용성은 디지털 노마드가 다양한 사람들과 소통하고 협력하며, 글로벌 공동체의 일원으로서 살아가는 데 필수적인 역량이다.

적응력과 회복 탄력성

유연한 영성은 변화하는 환경에 빠르게 적응하고, 어려움을 극복하는 회복 탄력성을 강조한다. 디지털 노마드는 예측 불가능한 상황에 직면하고, 다양한 문화적 차이를 경험하며, 끊임없이 새로운 기술을 배워야 한다. 이러한 과정에서 유연한 영성은 디지털 노마드가 스트레스를 관리하고, 어려움을 극복하며, 지속적으로 성장하는 데 중요한 역할을 한다.

자기 주도성과 창의성

유연한 영성은 자신만의 삶의 의미와 가치를 창조하는 자기 주도성과 창의성을 강조한다. 디지털 노마드는 사회적 규범이나 타인의 기대에 얽매이지 않고, 자신만의 관심사와 재능을 탐구하며, 자신만의 방식으로 세상에 기여한다. 이러한 자기 주도성과 창의성은 디지털 노마드가 혁신적인 아이디어를 창출하고, 새로운 사업 모델을 개발하며, 사회 변화를 주도하는 데 중요한 원동력이 된다.

디지털 노마드의 삶은 단순히 자유로운 삶을 추구하는 것을 넘어, 고정된 믿음에서 벗어나 유연한 영성을 함양하며 자신만의 길을 찾아가는 여정이다. 이들은 변화하는 세상에 적응하고, 다양한 가치관과 문화를 포용하며, 자신만의 삶의 의미와 가치를 창조하는 능력을 통해 초연결 시대의 새로운 영적 리더로 성장하고 있다. 개인 맞춤형 영성을 통해 자신만의 삶의 의미를 찾고, 내면의 평화를 추구하는 것은 긍정적인 측면이 있지만, 자기 기만, 깊이 있는 성찰 부재 등의 함정을 간과해서는 안 된다. 디지털 노마드의 영적 방랑은 우리에게 삶의 의미와 가치에 대해 다시 한번 생각하게 하고, 변화하는 세상에 적응하며 자신만의 길을 찾아가는 지혜를 배우도록 영감을 준다.

09
초연결 시대의 디지털 종교 공동체

21세기 초연결 시대는 정보와 소통의 장벽을 허물고 전례 없는 속도로 개인과 공동체를 연결하고 있다. 과거에는 지리적, 문화적 제약으로 인해 제한적이었던 종교 활동이 초연결성을 통해 시공간을 초월하는 네트워크로 확장되면서, 새로운 형태의 종교적 경험과 공동체 의식이 형성되고 있다. 초연결 시대의 디지털 종교 공동체가 어떻게 글로벌 종교 커뮤니티를 형성하고, 다원적 종교 융합을 촉진하는지 심층적으로 탐구하고자 한다.

AI와 화장품?

글로벌 종교 커뮤니티의 형성

초연결성은 지리적 경계를 넘어선 글로벌 종교 커뮤니티의 형성을 가속화하고 있다. 인터넷과 소셜 미디어 플랫폼은 신도들이 서로 연결되고, 정보를 공유하며, 공동의 신앙 경험을 창출할 수 있는 강력한 도구를 제공한다.

실시간 예배와 영적 교류

과거에는 특정 장소와 시간에 국한되었던 예배 참여가 이제는 온라인 스트리밍, 화상 회의, 가상 현실 등을 통해 전 세계 어디에서든 실시간으로 가능해졌다. 이는 해외 거주 신도, 건강상의 이유로 참석이 어려운 신도, 혹은 단순히 새로운 형태의 예배 경험을 원하는 신도들에게 폭넓은 참여 기회를 제공한다. 온라인 예배는 단순히 물리적 공간의 대체재가 아니라, 채팅 기능을 통한 실시간 소통, 온라인 헌금, 퀴즈 등 다양한 참여형 요소를 통해 더욱 역동적인 경험을 선사하기도 한다. 또한, 다양한 종교 단체들이 온라인 명상, 기도 모임, 성경 공부 등 다양한 영적 교류 프로그램을 운영하며, 신도들이 서로의 신앙을 공유하고 영적으로 성장할 수 있도록 지원하고 있다.

소셜 미디어를 통한 신앙 공유와 전파

페이스북, 트위터, 인스타그램 등 소셜 미디어 플랫폼은 개인의 신앙 경험을 공유하고, 종교적 메시지를 전파하는 데 매우 효과적인 도구로 활용되고 있다. 신도들은 개인적인 간증, 기도문, 설교 요약 등을 공유하며 서로에게서 영감을 주고받고, 종교 단체들은 소셜 미디어를 통해 새로운 신자를 모집하고, 행사 정보를 알리며, 사회적 이슈에 대한 종교적 입장을 표명하기도 한다. 특히, 젊은 세대는 소셜 미디어를 통해 종교적 콘텐츠를 소비하고, 또래들과 신앙에 대한 의견을 나누는 것을 선호한다.

디지털 기부와 자선 활동

초연결성은 종교 단체들이 기부금을 모금하고 자선 활동을 수행하는 방식을 혁신적으로 변화시키고 있다. 온라인 결제 시스템, 모바일 앱, 크라우드 펀딩 플랫폼 등을 통해 신도들은 언제 어디서든 편리하게 기부금을 낼 수 있으며, 종교 단체들은 기부금 사용 내역을 투명하게 공개하여 신뢰도를 높일 수 있다. 또한, 소셜 미디어를 활용한 기부 캠페인은 전 세계적으로 많은 사람들의 참여를 유도하며, 사회적 약자를 돕고 어려운 이웃을 위한 지원을 확대하는 데 기여하고 있다.

종교적 정체성 강화와 소속감 고취

초연결성은 신도들이 자신과 같은 신앙을 가진 사람들과 연결되고 소통할 수 있는 기회를 확대함으로써 종교적 정체성을 강화하고 소속감을 고취하는 데 기여한다. 온라인 커뮤니티, 포럼, 채팅 그룹 등은 신도들이 서로의 고민을 나누고, 질문에 대한 답변을 얻으며, 공동의 관심사를 공유할 수 있는 안전하고 편안한 공간을 제공한다. 이러한 온라인 공동체는 특히 소수 종교 신자나 사회적으로 소외된 계층의 신자들에게 중요한 지지 기반이 되어 준다.

다원적 종교 융합의 가능성

초연결 시대는 다양한 종교 간의 교류와 융합을 촉진하여 새로운 형태의 영성이나 다원적 신앙이 탄생할 가능성을 제시한다. 인터넷과 소셜 미디어는 서로 다른 종교의 가르침, 의례, 문화에 대한 정보를 쉽게 접할 수 있도록 하고, 다양한 종교적 배경을 가진 사람들이 서로 소통하고 교류할 수 있는 플랫폼을 제공한다.

종교 간 대화와 이해 증진

초연결성은 종교 간 대화를 촉진하고 서로에 대한 이해

를 증진하는 데 기여한다. 온라인 포럼, 웹사이트, 소셜 미디어 그룹 등은 서로 다른 종교의 신자들이 서로의 신앙에 대해 질문하고 답변하며, 오해를 풀고 공통점을 찾을 수 있는 공간을 제공한다. 이러한 온라인 대화는 종교 간 갈등을 완화하고 평화로운 공존을 위한 기반을 마련하는 데 중요한 역할을 할 수 있다.

종교적 영감의 혼합과 융합

초연결 시대에는 다양한 종교적 영감이 융합되어 새로운 형태의 영성이 나타날 수 있다. 예를 들어, 불교의 명상법과 기독교의 사랑, 이슬람의 자선과 유대교의 정의 등 서로 다른 종교의 핵심 가치를 결합하여 개인의 영적 성장을 도모하는 새로운 종교 운동이나 영성 운동이 등장할 수 있다. 이러한 융합은 기존의 종교적 틀에 얽매이지 않고 자신에게 맞는 영적 경로를 찾고자 하는 사람들에게 매력적인 선택지가 될 수 있다.

온라인 종교 운동의 등장

초연결성은 특정 종교 단체나 지도자에 의존하지 않고, 온라인을 기반으로 형성되는 새로운 종교 운동의 등장을 가능하게 한다. 이러한 온라인 종교 운동은 기존 종교의 교리나 의례를 비판적으로 검토하고, 새로운 해석을 제시하며, 참여자들의 의견을 수렴하여 교리를 발전시켜 나가는 특징을 보인다. 온라인 종교 운동은 기존 종교에 대한 대안을 찾거나, 자신만의 종교적 경험을 창출하고자 하는 사람들에게 새로운 가능성을 제시할 수 있다.

다원주의적 신앙의 확산

초연결 시대에는 특정 종교에만 얽매이지 않고 여러 종교의 가르침을 수용하며 자신만의 신앙 체계를 구축하는 다원주의적 신앙이 확산될 수 있다. 다원주의적 신앙은 종교 간의 차이점보다는 공통점을 강조하며, 모든 종교가 진리에 이르는 다양한 경로를 제공한다고 믿는다. 이러한 신앙은 종교적 갈등을 해소하고 서로 존중하는 사회를 만드는 데 기여할 수 있다.

가상 공간에서 피어나는 새로운 신앙

초연결 시대의 가장 두드러진 특징 중 하나는 온라인 공동체의 급속한 성장이다. 이러한 온라인 공동체는 종교적 맥락에서도 중요한 의미를 가지며, 다양한 측면에서 새로운 신앙의 가능성을 보여 준다.

사이버 종교의 진화

온라인 커뮤니티, 게임, 소셜 미디어 플랫폼은 단순한 소통 도구를 넘어 종교적인 기능을 수행하기 시작했다. 온라인 커뮤니티는 특정 종교에 대한 정보를 공유하고 토론하는 장이 되기도 하지만, 때로는 기존 종교의 교리나 의례를 대체하는 새로운 형태의 종교적 공동체를 형성하기도 한다. 일부 게임에서는 게임 내 이벤트를 종교적 의례처럼 진행하거나, 특정 신화를 기반으로 한 스토리를 전개하여 플레이어들에게 종교적인 경험을 제공하기도 한다. 또한, 소셜 미디어 플랫폼은 개인의 신앙 경험을 공유하고, 종교적 메시지를 전파하며, 온라인 예배나 기도 모임을 조직하는 데 활용되면서 종교적 활동의 새로운 중심지로 부상하고 있다.

취향 기반 공동체

디지털 공동체는 종교적인 신념뿐만 아니라 공통 관심사를 매개로 형성되기도 한다. 이러한 취향 기반 공동체는 특정 분야에 대한 정보를 공유하고 토론하며, 서로의 취향을 존중하고 지지하는 과정에서 강력한 소속감을 느끼게 한다. 예를 들어, 특정 음악 장르를 좋아하는 사람들이 모여 만든 온라인 커뮤니티는 음악에 대한 정보를 공유하고 콘서트 정보를 교환하는 것 외에도, 서로의 삶을 공유하고 위로하며, 어려움을 함께 극복하는 강력한 지지 기반이 되기도 한다. 이러한 공동체는 종교적인 공동체와 마찬가지로 개인의 정체성을 강화하고, 사회적 고립감을 해소하며, 연대 의식을 고취하는 기능을 수행한다.

온라인 의례와 상징 체계

디지털 종교 공동체는 가상 공간에서 기도, 명상, 헌신 활동 등 다양한 형태의 의례를 창출하고, 디지털 성물과 아바타를 통해 자신들의 신앙을 표현한다. 온라인 예배는 채팅 기능을 통해 실시간으로 소통하고, 아바타를 통해 자신을 표현하며, 이모티콘을 사용하여 감정을 표현하는 등 오프라인 예배와는 다른 독특한 경험을 제공한다. 온라인 명상 모임에서는 가이드 명상 오디오를 듣거나, 채팅을 통해 서로의 경험을 공유한다. 또한, 일부 온라인 공동체는 디지털 성물을 만들어 공유하거나, 아바타를 통해 자신들의 신앙을 상징적으로 표현하기도 한다. 이러한 온라인 의례와 상징 체계는 온라인 공동체의 정체성을 강화하고, 참여자들에게 소속감을 심어 주는 중요한 역할을 한다.

초연결성은 종교적 경험과 공동체 의식을 재정의하고 있다. 글로벌 종교 커뮤니티의 형성은 시공간의 제약 없이 신앙을 공유하고 교류할 수 있는 새로운 기회를 제공하며, 다원적 종교 융합의 가능성은 기존의 종교적 틀을 넘어선 새로운 영성의 탄생을 예고한다. 특히, 온라인 공동체의 부상은 가상 공간에서 피어나는 새로운 신앙의 가능성을 보여 주지만, 동시에 극단주의 확산, 가짜 뉴스 유포, 사이버 폭력 등 다양한 문제점을 내포하고 있기도 하다. 따라서 종교 지도자, 신학자, 기술 개발자 등은 초연결 시대의 디지털 종교 공동체가 긍정적인 방향으로 발전할 수 있도록 끊임없이 연구하고 고민해야 하며, 신도들은 비판적 사고 능력을 함양하고 책임감 있는 온라인 활동을 통해 건강하고 건설적인 디지털 종교 공동체를 만들어 나가야 할 것이다. 미래 사회에서 초연결성은 종교의 역할과 의미를 더욱 풍부하게 만들어 갈 것이며, 이는 인류의 정신적 성장에 긍정적인 영향을 미칠 것으로 기대된다.

10
초연결 시대의 종교, 기술과 신앙의 공존

초연결 시대에 종교가 직면한 복잡하고 다양한 도전 과제와 새롭게 열리는 기회들을 심층적으로 살펴본다. AI 문명과 영적 갈망의 교차점에서 발견한 새로운 형태의 영성이 우리 사회에 어떠한 긍정적인 가능성을 제시할 수 있을지 탐색하고 기술과 신앙이 조화롭게 공존할 수 있는 방안을 모색한다. 특히 기술의 윤리적 활용을 강조하고, 자기 성찰의 중요성을 재조명하며, 공동체 의식 함양과 지구 생태계 보호라는 핵심 가치를 중심으로 미래 종교의 바람직한 방향을 제시하고자 한다.

종교와 AI?

초연결 시대가 종교에게 요구하는 것들

우리는 지금껏 경험해 보지 못한 초연결 시대에 살고 있다. 손안의 스마트폰 하나로 전 세계와 실시간으로 연결되고, 인공지능은 우리의 일상생활 곳곳에 스며들어 편리함을 더하고 있다. 하지만 이러한 눈부신 기술 발전은 그 이면에 빛과 그림자를 동시에 드리우고 있다. 물질적 풍요는 과거에 상상할 수 없을 정도로 증가했지만, 아이러니하게도 많은 이들이 공허함과 불안감을 느끼며 삶의 진정한 의미를 갈망하고 있다. 소셜 미디어는 전 세계 사람들을 연결하여 소통의 장을 넓혔지만, 동시에 타인과의 끊임없는 비교와 경쟁 속에서 고립감과 소외감을 느끼게 하기도 한다. 이처럼 기술 발전의 양면성이 두드러지는 시대적 배경 속에서, 현대인들은 다시금 삶의 궁극적인 의미와 가치를 찾고 내면의 평화를 갈망하며 영적인 것에 눈을 돌리고 있다.

초연결 시대는 종교에게 끊임없는 자기 혁신과 발전을 요구하고 있다. 종교는 오랜 역사 속에서 축적해 온 전통적인 가르침과 현대 사회의 급변하는 요구 사이에서 섬세한 균형을 찾아야 한다. 또한 개인의 다양한 영적 갈망과 공동체의 연대 의식을 조화롭게 이끌어야 하며, 물질적 풍요 속에서 정신적 가치의 중요성을 일깨우고,

기술 발전이 초래하는 윤리적 문제에 대한 명확한 해답을 제시해야 하는 과제를 안고 있다.

전통은 종교의 근간을 이루는 중요한 요소이지만, 시대 변화에 발맞춰 낡은 관습과 형식에 얽매이지 않고 유연하게 변화하는 자세가 필요하다. 디지털 기술을 적극적으로 활용하여 젊은 세대에게 더욱 친근하게 다가가고, 온라인 플랫폼을 통해 소통을 강화하며, 시대에 맞는 새로운 형태의 예배와 수행 방식을 개발해야 한다.

개인주의가 심화하는 현대 사회에서 종교는 공동체 의식을 회복하는 데 중요한 역할을 해야 한다. 온라인과 오프라인을 유기적으로 연결하는 다양한 공동체 활동을 적극적으로 지원하고, 사회적으로 소외된 이웃을 위한 봉사 활동을 장려하며, 서로를 지지하고 격려하는 따뜻한 공동체 문화를 만들어 나가야 한다.

물질만능주의가 팽배한 사회에서 종교는 정신적 가치의 중요성을 지속적으로 강조해야 한다. 과도한 소비 중심의 삶에서 벗어나 단순하고 절제된 삶을 추구하도록 이끌고, 명상과 기도, 봉사 활동 등 다양한 활동을 통해 내면의 평화를 찾도록 도와야 한다. 또한, 물질적 풍요를 사회적으로 나누고 경제적 불평등을 해소하는 데 적극적으로 참여해야 한다.

기술의 윤리적 활용

기술 발전은 인류에게 무한한 가능성을 열어 주었지만, 동시에 간과할 수 없는 심각한 윤리적 문제를 야기하고 있다. 인공지능, 빅 데이터, 유전자 편집 등 첨단 기술은 인간의 존엄성을 침해하고 사회적 불평등을 심화하며, 심지어는 환경 파괴를 가속화할 수 있다는 우려를 낳고 있다. 따라서 종교는 기술의 윤리적 활용을 위한 명확한 가이드라인을 제시하고, 기업과 개인의 사회적 책임을 강화하며, 지속 가능한 미래를 추구하는 데 적극적으로 앞장서야 한다.

기술은 인간의 존엄성을 훼손하지 않는 범위 내에서 신중하게 활용되어야 한다. 인공지능이 인간의 일자리를 무분별하게 빼앗고, 빅 데이터가 개인 정보를 침해하며, 유전자 편집이 생명 윤리를 위협하는 상황을 방지해야 한다. 종교는 이러한 기술의 남용을 끊임없이 감시하고, 인간의 존엄성을 지키기 위한 확고한 윤리적 기준을 제시해야 한다.

기술은 사회적 불평등을 해소하고 소외된 이웃을 돕는 데 적극적으로 활용되어야 한다. 인공지능은 교육, 의료, 복지 등 다양한 분야에서 사회적 약자를 지원할 수 있는 잠재력을 가지고 있다. 종교는 이러한 기술의 긍정적인 활용을 장려하고, 사회적 책임을 다하는 기업과 개인을 적극적으로 지원하며, 기술 격차 해소를 위한 실질적인 노력을 기울여야 한다.

기술은 환경 파괴를 멈추고 지속 가능한 미래를 만드는 데 중요한 역할을 해야 한다. 재생 에너지 개발, 친환경 기술 보급, 스마트 농업 등을 통해 환경 오염을 줄이고 기후 변화에 적극적으로 대응해야 한다. 종교는 환경 보호의 중요성을 지속적으로 강조하고, 지속 가능한 삶의 방식을 제시하며, 지구 생태계를 보존하기 위한 실천적인 노력을 펼쳐야 한다.

AI 문명과 영적 갈망의 교차점에서 발견한 새로운 영성의 가능성

초연결 시대는 전통적인 종교의 틀을 벗어나 개인의 다양한 욕구에 따라 새로운 형태의 영성을 탐색할 수 있는 다양한 기회를 제공한다. 디지털 기술을 활용하여 자기 성찰을 돕고, 공동체 의식을 함양하며, 지구 생태계를 보호하는 새로운 영성 운동이 전 세계적으로 확산하고 있다. 인터넷과 소셜 미디어는 영적인 정보를 공유하고 소통하는 혁신적인 플랫폼을 제공한다. 온라인 명상 앱, 종교 강연 유튜브 채널, 영성 관련 팟캐스트 등 다양한 디지털 콘텐츠를 통해 언제 어디서든 영적인 경험을 할 수 있다. 또한, 온라인 커뮤니티를 통해 서로를 격려하고 지지하며 함께 성장할 수 있다. 하지만 디지털 영성은 현실 세계와의 단절을 초래하고 잘못된 정보에 노출될 위험도 존재한다. 따라서 비판적인 시각과 균형 잡힌 접근이 필요하다.

초연결 시대에는 끊임없는 정보의 홍수 속에서 자신을 잃기 쉽다. 따라서 자기 성찰을 통해 자신의 내면을 깊이 들여다보고 삶의 진정한 의미와 가치를 찾는 것이 그 어느 때보다 중요하다. 명상, 요가, 마음 챙김 등 다양한 자기 성찰 방법을 통해 스트레스를 효과적으로 해소하고 감정을 조절하여 내면의 평화를 찾을 수 있다. 또한, 글쓰기, 그림 그리기, 음악 감상 등 예술 활동을 통해 자신의 감정을 자유롭게 표현하고 창의성을 발휘할 수 있다.

개인주의가 심화하는 시대에 공동체 의식을 회복하는 것도 매우 중요하다. 가족, 친구, 동료들과의 관계를 소중히 여기고, 지역 사회 활동에 적극적으로 참여하며, 봉사 활동을 통해 소외된 이웃을 돕는 것이 공동체 의식을 함양하는 데 도움이 된다. 또한, 다양한 문화와 배경을 가진 사람들과 적극적으로 소통하고 교류하며 다양성을 존중하는 것이 중요하다.

기후 변화와 환경 오염은 인류의 생존을 위협하는 심각한 문제다. 따라서 지구 생태계를 보호하고 지속 가능한 삶을 실천하는 것이 우리의 시대적 과제다. 에너지 절약, 쓰레기 줄이기, 재활용 등 작은 실천부터 시작하여 친환경 제품 사용, 채식 위주의 식단, 대중교통 이용 등 적극적인 노력을 기울여야 한다. 또한, 환경 보호 단체를 지원하고 환경 운동에 적극적으로 참여하며 지구를 위한 행동에 동참해야 한다.

미래 종교의 모습

미래 종교는 과거의 전통에 얽매이지 않고 열린 마음으로 변화를 적극적으로 수용해야 한다. 시대정신에 부응하는 새로운 가르침을 제시하고, 삶의 의미와 가치, 죽음, 고통 등 인간의 근원적인 질문에 답하는 지혜를 제공해야 한다. 또한, 다양한 종교와 문화 간의 대화를 통해 상호 이해와 존중을 증진하고, 평화로운 공존을 추구해야 한다.

미래 종교는 디지털 기술과 새로운 과학적 발견을 적극적으로 수용하고 활용해야 한다. 인공지능, 빅 데이터, 유전자 편집 등 첨단 기술이 야기하는 윤리적 문제에 대한 해답을 제시하고, 기술 발전을 통해 인류의 삶을 개선하는 데 기여해야 한다. 또한, 다양한 종교와 문화 간의 대화를 통해 서로를 이해하고 존중하며, 새로운 영성의 가능성을 탐색해야 한다.

미래 종교는 기후 변화, 사회적 불평등, 빈곤, 전쟁 등 시대적인 문제에 대한 해답을 제시해야 한다. 환경 보호, 사회 정의, 평화 등 시대정신에 부응하는 가르침을 제시하고, 이러한 가치를 실천하는 데 앞장서야 한다. 또한, 소외된 이웃을 위한 봉사 활동을 장려하고, 사회적 약자를 지원하며, 평화로운 세상을 만들기 위한 노력을 기울여야 한다.

미래 종교는 삶의 의미와 가치, 죽음, 고통 등 인간의 근원적인 질문에 답하는 지혜를 제공해야 한다. 명상, 기도, 수행 등을 통해 내면의 평화를 찾도록 돕고, 삶의 목적과 방향을 제시하며, 고통을 극복하고 성장하는 방법을 가르쳐야 한다. 또한, 사랑, 용서, 감사 등 긍정적인 감정을 함양하고, 타인과의 관계를 개선하며, 행복한 삶을 살도록 도와야 한다.

기술과 신앙의 조화로운 공존을 향하여

초연결 시대는 종교에게 위기이자 동시에 기회다. 전통

적인 가르침과 현대 사회의 요구 사이에서 균형을 찾고, 기술 발전에 따른 윤리적 문제에 대한 해답을 제시하며, 새로운 영성의 가능성을 탐색해야 한다. 인간 존엄성 존중, 사회적 책임 강화, 지속 가능한 미래 추구라는 세 가지 핵심 가치를 중심으로 기술과 신앙의 조화로운 공존을 모색해야 한다.

미래 종교는 열린 마음으로 변화를 수용하고, 시대정신에 부응하며, 인간의 근원적인 질문에 답하는 지혜를 제공해야 한다. 디지털 기술을 활용하여 자기 성찰을 돕고, 공동체 의식을 함양하며, 지구 생태계를 보호하는 새로운 영성 운동을 적극적으로 지원해야 한다.

우리는 기술 문명의 발전과 영적인 성장을 동시에 추구해야 한다. 물질적인 풍요와 함께 정신적인 풍요를 누리고, 개인의 행복과 공동체의 번영을 동시에 이루어야 한다. 기술과 신앙이 조화로운 공존을 이룰 때 더욱 아름답고 평화로운 세상을 만들어 나갈 수 있을 것이다.

김세원

문화 · 관광 · 콘텐츠 분야 국책 연구 기관인 한국문화관광연구원 원장이다. 고려대학교 불문학과 졸업 후 고려대학교 정책대학원에서 정치학 석사, 미국 뉴욕주립대학교에서 기술경영학 석사, 고려대학교 국제대학원에서 국제통상학 박사 학위를 취득했다. ≪동아일보≫ 기자로 20여 년간 언론인으로 활동했고, 유럽 특파원(1998~2001)으로 일했다. 이후 고려대학교와 가톨릭대학교에서 교수로 재직하며 학문적 역량을 쌓았다. 관심사는 과학 기술의 발전이 인본주의와 인문학에 미치는 영향과 글로벌 환경에서 조직을 효과적으로 운영하고 관리하는 방안을 모색하는 비교 문화 경영이다. 대표 저서로 『포스트휴먼의 초상』, 『문화코드로 읽는 지구』, 『문화로 세상읽기』, 『오싹오싹 흥미진진 요괴백과』, 『지도로 만나는 세계 친구들』 등이 있다. "글로벌 비즈니스 윤리 연구와 빈곤층 국가를 포함시킬 윤리적 필요성: 비즈니스 시스템과 제도로서의 글로벌 트라이어드 재정의", "집단적 인터넷 거버넌스의 글로벌 윤리: 내재적 동기와 오픈 소스 소프트웨어", "여성과 세계화: 글로벌 조직에서 지식 이전의 윤리적 차원", "습관, 자기통제, 사회적 관습: 글로벌 미디어와 기업의 역할" 등 세계화와 지식 경영 이슈를 다룬 다섯 편의 SSCI 등재 논문을 포함해 11편의 논문을 썼다.